大学生のための レポート・論文 の書き方

ゼロからわかる

石井一成 著

ナツメ社

はじめに

レポート・論文作成の悩みを解消するために

　この本を手に取った皆さんは、次のような疑問や不安を持っていませんか？

- レポートの課題が出たけど、どこから手をつけたらいいの？
- レポートや卒業論文のテーマが思いつかない
- 長い文章を、構成を考えて書くのが苦手
- 日本語表記のルールがよくわからない
- 卒業論文がきちんと書けるか、自信がない

　もし、ひとつでも当てはまるものがあれば、ぜひこの本を開いてみてください。大学の授業で課されるさまざまなタイプのレポートや論文を想定して、「レポートって何？　どうやって書くの？」「テーマはどうやって決めるの？」「何から始めて、どう進めていくの？」などの疑問に答えられるように、実例を交えながら解説しています。この本は、長い間、大学生のレポート作成や予備校生の小論文作成を指導してきた、その経験をベースに書きました。ですから、「レポートを書くのははじめて」という大学1年生から、卒業論文作成を控えた大学3～4年生まで、きっと参考になると思います。

　なお、本書は、大学・大学院の入学試験や就職試験の「小論文」には対応していません。また、卒業論文に求められる厳密な統計処理や調査方法については、それぞれの専攻分野に適した解説書を読んでいただくことをおすすめします。

　最後に、本書を執筆する機会をくださったナツメ出版企画の齋藤友里さん、原稿についてしんぼう強くご指導をいただいた文研ユニオンの市原一幸さん、皆川喜美子さん、そしてさまざまなアドバイスをいただいた東京海洋大学の大島弥生先生をはじめ、日本語表現法担当教員の皆さんに、厚くお礼を申し上げます。

石井一成

Contents

論文作成は「自分磨き」の第1歩！ ……………………………… 9
レポート・論文ってどんなもの？ ……………………………… 10
レポート・論文には10のステップがある ……………………… 14
この本に出てくる論文を説明する用語 ………………………… 16

第1章 レポート・論文ってどんな文章？

1 「レポート・論文」と「作文」はこう違う！ ………………… 18
   自分の意見を客観的に説明するのが「論文」／論文には「問題提起」「主張」「根拠の説明」がある／論文には「信頼できるデータ」をつける

2 レポート・論文のさまざまなタイプ ………………………… 23
   レポートや論文にはさまざまなタイプがある／「報告型」と「論証型」の違いとは？／レポート・論文の共通点は「評価される」こと

3 レポート・論文の5つの構成要素と基本レイアウト ………… 26
   書誌情報・序論・本論・結論・参考文献一覧が構成要素

4 レポート・論文の作成には4つのメリットがある …………… 31
   文章を書くことで多くの力が身につく／レポートや論文は単位取得の必須条件

まずは1週間でレポートを書いてみよう！

1. 「レポート」とは何かを理解しよう ………………… 34
   課題によって求められる内容は違う

2. ブックレポートはこのように書く ………………… 36
   要約には2つの方法がある／意見・感想・批評の違いを正確に理解しよう

   ブックレポート完成までの4つのステップ
   - **Step1** 課題の趣旨・作成条件などを確認する
   - **Step2** 指定の文献をざっと見渡して書く内容を探す
   - **Step3** 書く内容を検討しながらじっくりと読む
   - **Step4** 要約および自分の意見・感想を文章にする

3. 学習レポートはこのように書く ………………… 42
   重要な事柄についてまとめる「学習レポート」／「学習レポート」の4つの出題パターン

   報告型学習レポート完成までの4つのステップ
   - **Step1** 課題の趣旨・作成条件などを確認する
   - **Step2** 背景・基礎知識を得るために基本資料を入手する
   - **Step3** 報告内容を選び、アウトラインを作る
   - **Step4** アウトラインを文章化する

4. レポートを作成するときに注意すること ………………… 47
   レポートの評価を下げる行為を理解しておこう／レポートの評価を上げるポイントとは

   第2章のまとめ ………………… 48

第3章 論文を書くための10のステップ

論文作成の10のステップ ……………………………………… 50

Step1 課題の趣旨や作成条件を理解し、スケジュールを作る… 52
教員の「出題意図」や「課題の趣旨」を理解する／「作成条件」や「評価基準」を確認する／論文提出までのスケジュール表を作る

Step2 基本資料を入手して、テーマに関する基礎知識を得る… 56
テーマ候補となるキーワードを探す／自分に合った基本資料を集める／集めた基本資料に目を通す

Step3 「見取り図資料」を作って、情報を整理する …………… 60
自分の問題意識を表す「思考マップ」を作る／「問いと答えのリスト」を作る／「情報カード」にアイディアやデータを書き込む

Step4 「目標規定文」を作って、論証方法を考える …………… 66
自分の主張を文章にした「目標規定文」を作る／説得力のある論証方法を考える

Step5 論証方法に合ったデータを集め、見せ方を考える …… 70
データの見せ方を工夫して説得力を高める／データに見出しや説明を加える

Step6 「目標規定文」を「項目アウトライン」に発展させる … 72
論文の設計図となる「項目アウトライン」を作る／序論・本論・結論の展開を考える

Step7 「項目アウトライン」を「文アウトライン」に発展させる… 76
「文アウトライン」で各章の骨組みを具体的にする／「文アウトライン」を修正したら目標規定文も修正する

Step8 「文アウトライン」を「完成版アウトライン」にする … 80
「完成版アウトライン」で各章の内容を決定する

Contents

Step9 「完成版アウトライン」を文章にする ………… 84
まず「本論」から書き始めよう／「パラグラフ形式」でわかりやすい文章に

Step10 最終チェックをして、完成原稿に仕上げる ………… 86
提出前の最終確認を忘れずに！

10のステップはこのように進める！ ………… 87

[コラム]レポート作成がうまく進まないときは ………… 88

第4章 課題が出てから1〜2週間にすべきこと

1 評価される「テーマ」を設定するには ………… 90
「テーマ」とは「意義のある問い」を提示したもの／こんなテーマは評価が低くなる！／問題意識を高めることから始めよう

2 基本資料は2とおりの読み方をする ………… 94
検索ツールを活用して基本資料を集める／2つの視点を使い分けて基本資料を読む

3 「思考マップ」はこのような手順で作成する ………… 98
自分のアイディアを思いつくままに書いてみる／「思考マップ」完成までの発想方法とは？

第4章のまとめ ………… 102

第5章 課題が出てから2〜3週間にすべきこと

1 見取り図資料をもとに「目標規定文」を作る ………… 104
目標規定文には3つの要素がある／目標規定文の作成手順

- **2 「先行研究」と自分のテーマの関係を確認する** …… 106
  「先行研究」を参照する意味とは？／論証に必要な「先行研究」は整理しておく

- **3 論証に必要なデータは何かを考える** …… 108
  説得力のある主張に必要なデータを見きわめる／データの種類を知って、必要なものを集めよう

- **4 論証には典型的なパターンがある** …… 110
  基本の「論証パターン」を知っておこう／自分なりの論証パターンを考える

- **5 本論の展開を考え、「項目アウトライン」を作る** …… 116
  論文は章・節・項から構成される／何を主張するかによって章の立て方を変える／序論・本論・結論と目標規定文の関係／論文の「表題」のつけ方の基本

第5章のまとめ …… 122

第6章 論文完成までの最終段階ですべきこと

- **1 「文アウトライン」を作り、内容をさらに具体的にする** …… 124
  章立てや章の詳しい内容を決める／データの位置や疑問点を書き込む

- **2 章立てを最終決定した「完成版アウトライン」を作る** …… 128
  調査や考察を終えてアウトラインを完成する／データや参考文献一覧を最終チェックする

- **3 アウトラインを「パラグラフ形式」の文章にする** …… 132
  1つのパラグラフでは1つの話題をとりあげる／「中心文」と「データ」をパラグラフ化する

- **4 論文にふさわしい文章にするには** …… 134
  正確でわかりやすい文章を書く／客観性のある文章にする／説明の基本となる「PREP法」

Contents

5 論文清書前のチェックポイント …………………… **142**
論文の下書きができたら必ず見直しをしよう／内容に関するCheck Point／構成やレイアウトに関するCheck Point／文章に関するCheck Point

6 論文提出前の最終チェックポイント …………………… **145**
論文を清書したら、最終チェックをしよう／合格基準やマナーに関するCheck Point／参考文献一覧に関するCheck Point

完成したレポートの見本 …………………………………… **146**

第6章のまとめ …………………………………………… **153**

[コラム]「あいまいな表現」には要注意！ ……………… **154**

第7章 知っておきたい表記や引用のルール

1 日本語表記上のルール …………………………………… **156**
日本語表記に気を配れば、論文の信頼度が高まる

2 先行研究などの引用の基本 ……………………………… **170**
引用のルールを守らないと評価が低くなる！／「引用表現」で著者名や書名を明確にする

3 参考文献一覧の作り方 …………………………………… **178**
参考文献一覧を論文の最後に添付する

4 自分の意見を効果的に主張する引用方法 ……………… **182**
自分の立場によって引用のしかたは変わる！

第7章のまとめ …………………………………………… **185**

[コラム]数値データの説得力 ……………………………… **186**

第8章 卒業論文作成に向けて

1 卒業論文の準備は早めにスタートしよう … 188
卒業論文作成には手間と時間がかかる！／提出までのスケジュールをしっかり管理しよう

2 卒業論文の体裁や章構成で注意すること … 190
卒業論文の書式や体裁はガイドラインにしたがう／人文社会系の卒業論文では緻密な論証が必要

3 論証による説得とは何か理解しておこう … 194
論証ではこのようなことばが使われる！／論証では「命題」と「推論」を重ねて主張を導く／「分析」にはさまざまな方法がある

4 卒業論文の論証・考察方法① 仮説検証型アプローチ … 198
論証を通じて仮説の正しさを強調する「仮説検証型」／研究対象の量的な側面に注目する「定量的研究」

5 卒業論文の論証・考察方法② 解説・整理型アプローチ … 202
研究対象の情報を整理して解説する「解説・整理型」／研究対象の質的な側面に注目する「定性的研究」

6 「1次データ」と「2次データ」を区別する … 208
論文作成者自身が集める「1次データ」／他者が集め、一般に公開されている「2次データ」／「1次データ」と「2次データ」の使い分け／予測される「反証」に反論できるようにする

7 卒業論文の準備と提出後の審査 … 211
卒業論文には入念な準備が必要／卒業論文提出後には「口頭試問」がある

第8章のまとめ … 214

〈参考資料〉 … 215

論文作成は「自分磨き」の第1歩!

　グローバル化や少子高齢化が進むなかで、現代の日本は難しい時代を迎えています。大学卒業後の就職についても、この数年は厳しい状況が続いています。というと、ここまで読んだ皆さんは、「レポートや卒業論文の本なのに、なんで就職の話なの?」と思うかもしれませんね。

　しかし、論文を書くことと就職は、じつはつながっているのです。就職試験時に書くエントリーシートは、「私」についての小論文です。苦労して就職したら、営業から企画、開発に至るまで、さまざまな業務に携わることになりますが、どの業務であれ、問題点は何かを特定し、重要事項を的確に伝えるという過程を含む文書の作成能力は、必要なスキルの1つです。

　大学生時代の、価値あるテーマを深く掘り下げ、解決策を探るという作業は、思考能力を高めてくれます。論文作成は、将来の職業生活に備えた「自分磨き」の一環といってもいいでしょう。「論文を書く」という作業を、自己成長の機会ととらえ、「思考技術」を磨き、"できる"社会人になるための知的トレーニングと位置づけてほしいのです。

　本書では、この「自分磨き」の第1歩である、レポートや論文の作成方法について、段階を追って具体的に解説します。それぞれの学問分野において専門知識を身につけたうえで、本書が、レポートや卒業論文を自力で書くための手助けになれば幸いです。

　それでは、次ページから、論文作成に対する皆さんの不安や悩みを解決するにはどこを見ればよいか、この本の構成についてご案内します。

＊本書では、とくに断りがない場合、大学生が課題として取り組むレポート類から卒業論文までをまとめて、「論文」という用語で表します。

レポート・論文ってどんなもの？

Question ① レポートや論文は、作文とどこが違うの？

Question ② 大学では、どんなレポートの課題が出されるの？

Question ③ 「ブックレポート」は何を書くの？

Question ④ 「学習レポート」は何を書くの？

Question ⑤ 課題が出たら、何から始めればいいの？

レポートや論文を書く前に、課題の種類や内容など、基本的なことを知っておきましょう。

高校までの作文は、経験した出来事や感想について書く、主観的な文章です。一方、大学のレポートや論文は、客観的な根拠をあげながら、事実や理論に基づいて読み手を論理的に説得する文章です。

▶▶▶ 第1章18ページ参照

よく出されるのは「ブックレポート」「学習レポート」「観察・実験・実習の報告書」などです。授業中に書く短い課題もありますが、一般的には数日〜数週間かけて書くものです。

▶▶▶ 第1章23ページ・第2章34ページ参照

「読書レポート」とも呼ばれ、文献を読んで、著者の主張や書かれている内容を要約します。それに加えて、感想や意見が求められる場合もあります。通常は、読む本や論文が指定されます。

▶▶▶ 第2章36ページ参照

「報告型」の学習レポートは、授業でとりあげた重要な事柄について、その概要をまとめ、報告します。「論証型」は、論争になっている事柄を整理し、自分の立場を明確にして意見を述べます。

▶▶▶ 第1章24ページ・第2章42ページ参照

どの課題でも、まず課題の趣旨や作成条件（提出期限や評価基準など）を確認し、提出までのスケジュールを作ります。出題意図や作成条件に合っていないと評価が低くなるので、要注意です。

▶▶▶ 第3章52ページ参照

Question 6 必要な資料の集め方と読み方は？

Question 7 資料から集めた情報の整理方法は？

Question 8 レポートや論文の構成に決まりはあるの？

Question 9 文章の書き方で気をつけることは？

Question 10 卒業論文はどのように進めるの？

まず、どんな資料が必要か、指導教員に質問することです。次に、図書館にある「パスファインダー」「OPAC」などの検索システムを活用して、課題に関連する重要語や参考文献をできるだけ多く集め、2つの視点を使い分けながら、資料を読んでいきます。

▶▶▶ **第3章56ページ・第4章94ページ参照**

集めた情報や、ひらめいたアイディアなどを整理する方法には、「思考マップ」「問いと答えのリスト」「情報カード」があります。この本では、この3つを合わせて「見取り図資料」と呼びます。これらの方法をうまく組み合わせて、情報を整理しましょう。

▶▶▶ **第3章60ページ・第4章98ページ参照**

一般的なレポートや論文は、「序論」「本論」「結論」の3つの部分で構成されます。それに「書誌情報（タイトルや作成者名など）」と「参考文献一覧」を加えたものが、論文の5つの構成要素です。序論・本論・結論の展開のしかたについては、よく使われるパターンがありますので、前もって知っておくと役に立ちます。

▶▶▶ **第1章26ページ・第3章74ページ 参照**

1つの話題とその説明を1段落にまとめる、「パラグラフ形式」を心がけてください。論文の文章には正確性や客観性が求められますし、さまざまな日本語表記上のルールもあります。文章表現については、一度じっくりと勉強する時間をとるとよいでしょう。

▶▶▶ **第3章84ページ・第6章132、134ページ・第7章参照**

卒業論文に関しては、進め方や書式に大学独自のルールがあります。また、学問分野によっても研究方法やデータの集め方が違います。この本では、レイアウトや論証・考察方法などについて、一般的な留意事項をとりあげました。　　　▶▶▶ **第8章参照**

レポート・論文には10のステップがある

Step 1 課題の趣旨や作成条件を理解し、スケジュールを作る
▶▶▶ 第3章52ページ参照

Step 2 基本資料を入手して、テーマに関する基礎知識を得る
▶▶▶ 第3章56ページ参照

Step 3 「見取り図資料」を作って、情報を整理する
▶▶▶ 第3章60ページ参照

Step 4 「目標規定文」を作って、論証方法を考える
▶▶▶ 第3章66ページ参照

Step 5 論証方法に合ったデータを集め、見せ方を考える
▶▶▶ 第3章70ページ参照

レポートや論文の作成手順を、大きく10に分けてみました。これを参考に、学問分野に合わせて自分なりのスタイルにアレンジしましょう。

Step 6 「目標規定文」を「項目アウトライン」に発展させる
▶▶▶ 第3章72ページ参照

Step 7 「項目アウトライン」を「文アウトライン」に発展させる
▶▶▶ 第3章76ページ参照

Step 8 「文アウトライン」を「完成版アウトライン」にする
▶▶▶ 第3章80ページ参照

Step 9 「完成版アウトライン」を文章にする
▶▶▶ 第3章84ページ参照

Step 10 最終チェックをして、完成原稿に仕上げる
▶▶▶ 第3章86ページ参照

この本に出てくる論文を説明する用語

この本で論文について説明するときに、よく出てくる用語のうち、基本的なものを簡単にまとめました。本文を読む前に意味をつかんでおきましょう。

表題◆論文のタイトルのこと。仮タイトルは「仮題」という。

テーマ(論点)◆論文の問題提起となる、いちばん大きな「問い」。「本稿では、……について論じる」などの文で表現されることが多い。

トピック(話題)◆その分野での論じるべき重要な概念やジャンルを幅広く示す単語。法学分野の「裁判員制度」、環境分野の「地球温暖化」などが例。

キーワード(重要語)◆トピックに関連する重要な単語。「地球温暖化」がトピックなら、「ヒートアイランド現象」「ゲリラ豪雨」などがキーワード。

論証◆何かを証明したり、ある判断の真偽や確からしさを示したりするために、証拠となるデータや理論をあげて主張すること。

データ◆論証の根拠となる事実・数値・資料のこと。もっと具体的には、説明の際に使うグラフ類や文献からの引用などのこと。

見取り図資料◆基本資料を読んで集めた情報や、自分の問題意識を整理したもの。「思考マップ」「問いと答えのリスト」「情報カード」などがある。

思考マップ◆1枚の紙の中心にキーワードを、そのまわりに関心事や疑問点を書き、連想ゲームのように線で結びつけて図にしたもの。

目標規定文◆木下是雄氏が提唱したもので、「何をテーマとし、どのように考察・分析し、どのような結論を導くか」を表した短い文章。

項目アウトライン◆目標規定文を発展させ、論文の骨組みを箇条書きに表したもので、これをもとに章立てを作っていく。

文アウトライン◆項目アウトラインを発展させ、箇条書きの部分を一部文章化したもの。章立てやデータ類の配置が、より具体的になっている。

完成版アウトライン◆章立てや章見出し、データの配置などを決定して、完成させたアウトライン。これを文章化して論文にする。

パラグラフ形式◆ある1つの話題とその説明を200字程度の段落にまとめた、1区切りの文章。話題を示す中心文をパラグラフの頭のほうに置く。

レポート・論文ってどんな文章?

レポート・論文とは、事実や理論に基づいて自分の意見を述べる文章で、「問題提起」「主張」「根拠の説明」「信頼できるデータ」という4つの要素が必要です。また、ブックレポートや学習レポート、学期末レポート、卒業論文など、さまざまなタイプがあります。レポートや論文の基本について、書く前にしっかり理解しておきましょう。

1 「レポート・論文」と「作文」はこう違う!

2 レポート・論文のさまざまなタイプ

3 レポート・論文の5つの構成要素と基本レイアウト

4 レポート・論文の作成には4つのメリットがある

1 「レポート・論文」と「作文」はこう違う!

自分の意見を客観的に説明するのが「論文」

　皆さんは、「論文」と聞くと、どのような文章を思い浮かべますか？ 同じような意味で、もう1つ、「レポート」ということばもありますね。論文やレポートは、「作文」と何が違うのでしょうか？

　じつは、学問の分野や指導者によって、「論文」の定義には大きな違いがあります。そこで、どのような文章を「論文」というのか、この本での考え方を最初に説明しておきましょう。

　「作文」は、自分自身の経験したことや感じたことを書く、出来事や感想が中心の文章です。日記やエッセイ、ブログなども、作文の一種です。それに対して、**「論文」は、事実や理論に基づいて、客観的根拠をあげながら、自分の意見を説明し、読み手を説得する文章です。**

　「論文」は、作文のように自分の思いを書きつづる文章ではありません。論文には、次にあげる3要素が必要です。それは、①これまでにまだ問われていない疑問点（問い）を示す「問題提起」、②それに対する答えとしての明確な「主張」、③主張の正しさ・確からしさを示す「根拠の説明」、の3つです。

論文には「問題提起」「主張」「根拠の説明」がある

　それでは、「論文」の定義をしっかりと理解するために、次ページの文章例を比較しながら、いっしょに考えてみましょう。Ⓐ～Ⓓの4つの文章がありますが、そのなかで、「論文」といえる文章はどれでしょうか？

「論文」といえる文章は？

A マグロは世界中で人気が高まっているので、将来食べられなくなるかもしれない。

B マグロは、将来食べられなくなるか。

C マグロは、将来食べられなくなるか。私は、食べられなくなると考える。

D マグロは、将来食べられなくなるか。私は、食べられなくなると考える。なぜなら、日本のマグロの漁獲量は年々減少しているし、世界各国でマグロの需要が高まっているからである。マグロは年々不足し、日本の漁獲量が回復する可能性は低い。

答えは、「どれも論文とはいえない」です。その理由を、1つずつ解説しましょう。まず、Ⓐ～Ⓒです。

Ⓐ 自分の推測による根拠のない不安を述べているだけで、「問題提起」も「主張」もない
Ⓑ マグロに関する「問題提起」はあるが、それに対する自分の答えである「主張」がない
Ⓒ マグロに関する「問題提起」と、それに対する自分の「主張」はあるが、「根拠の説明」がない

それでは、Ⓓはどうでしょうか。Ⓓには、「なぜなら、……だからである」という根拠を説明する文があります。さあ、これで「問題提起」「主張」「根拠の説明」の3つがそろったのですから、立派な論文といえるのではないでしょうか？

答えは、「ノー」です。残念ながら、これではまだ論文とはいえません。なぜなら、自分の主張の根拠としてあげた、「日本のマグロの漁獲量は年々減少している」や、「世界各国でマグロの需要が高まっている」という説の証拠となる「データ」がないからです。データがないと、読んだ相手に「思いつきなのでは？」「うそやでたらめを言っているのでは？」と疑われても、反論できません。

論文には「信頼できるデータ」をつける

　そこで、❶にデータをつけたのが、次ページ上の❷です。今度は「世界の主要まぐろ類の国別漁獲量の推移」というグラフがついていて、説得力がありそうです。これなら、「マグロは将来食べられなくなる」という主張の根拠を説明したことになるのでしょうか。

　しかし、これでもまだ不十分です。なぜなら、「この図表は何を表しているのか」がきちんと説明されていませんし、何よりも「この図表をどこから持ってきたのか」が示されていないからです。つまり、「信頼できるデータ」とはいえないということです。「実際には存在しないデータなのでは？」と疑われても、反論できません。

　「信頼できるデータ」とは、公的機関による調査から導かれたものや、専門分野の文献の引用データです。読み手がすぐにそのデータを参照して、事実かどうか確認できるものです。

　ここまでにあげた論文の基本要素がすべてそろった文章が、22ページの❸です。引用したデータ（図１）の出所を「水産総合研究センター」と明示しているので、公的機関の調査による「信頼できるデータ」であることがわかります。そして、このデータをもとに、自分の「主張」の根拠をしっかり説明しています。さらに、論文の最後に、「参考文献」として、このデータの出所であるホームページを記載しています。読み手はこのデータが信頼できるかどうか、参考文献をたどることで確認することができるのです。

データがあれば「論文」といえる?

E マグロは、将来食べられなくなるか。私は、食べられなくなると考える。なぜなら、日本のマグロの漁獲量は年々減少しているし、世界各国でマグロの需要が高まっているからである。マグロは年々不足し、日本の漁獲量が回復する可能性は低い。図1は、世界の主要な国別のマグロの漁獲量である。

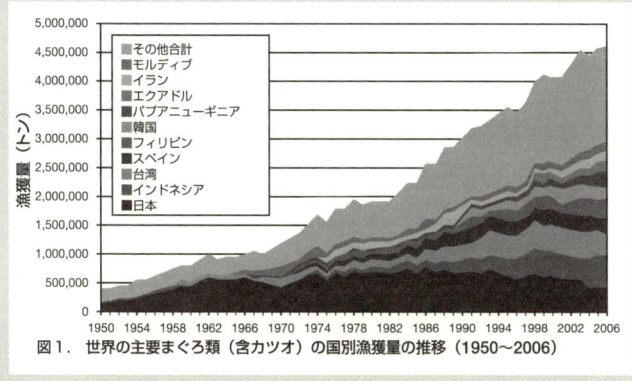

図1. 世界の主要まぐろ類(含カツオ)の国別漁獲量の推移(1950~2006)

論文の4つの基本要素

論文　事実や理論に基づいて自分の意見を述べる文章で、次の4要素が必要

❶ **問題提起**(論じようとするテーマについて疑問点を示す)
❷ **主張**(疑問点に対する答えを明確に示す)
❸ **根拠の説明**(主張の正しさ・確からしさを示す)
❹ **信頼できるデータ**(出所が明らかで、主張の証拠となるもの)

＊データはグラフとは限らない(データの種類や説明のしかたについては、第3章70ページを参照)

これが「論文」といえる文章だ！

問題提起

F マグロは、将来食べられなくなるか。私は、食べられなくなると考える。なぜなら、日本のマグロの漁獲量は年々減少しているし、世界各国でマグロの需要が高まっているからである。以下は、水産総合研究センターの調査による、世界の主要な国別のマグロの漁獲量である。（図1）

このグラフによると、日本の漁獲量は、1980年代から2006年に至るまで減少傾向にあることがわかる。一方で、他国の漁獲量の合計は、増加の一途をたどっている。世界的な需要の高まりから推測すると、マグロは年々不足し、日本の漁獲量が回復する可能性は低い。

図表が示す内容を説明している

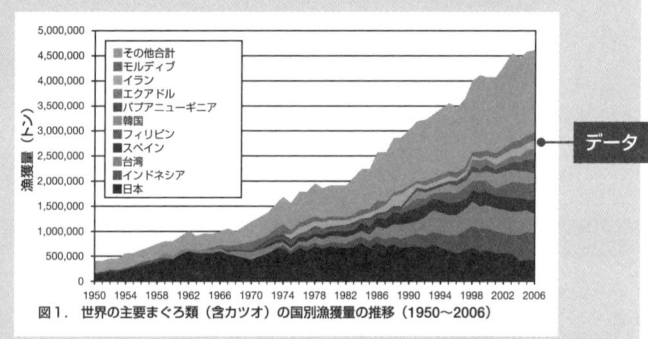

図1．世界の主要まぐろ類（含カツオ）の国別漁獲量の推移（1950～2006）

データ

主張

＜結論＞
したがって、私は将来マグロが食べられなくなると考える。

＜参考文献＞
水産総合研究センターHP 「国際漁業資源」から
http://kokushi.job.affrc.go.jp/H20/H20_03.pdf
アクセス日20××.6.6.

データの出所を明示している

レポート・論文のさまざまなタイプ

レポートや論文にはさまざまなタイプがある

　大学生が書くレポートや論文には、さまざまなタイプがあります。授業中の課題として出されることもあれば、学期末の仕上げとして提出を求められることもあります。ここで、それぞれの特徴について簡単に説明しましょう。

❶授業カード・質問カード

　授業の中で、授業のまとめや授業についての感想、質問などを短時間で簡潔に書くものです。用紙はさまざまで、小さいカードも使われます。レポートというほどのまとまった文章量ではなく、出席確認も兼ねた、授業に対するコメントです。

❷ブックレポート・課題図書レポート

　「読書レポート」とも呼ばれ、指定された文献を読んで著者の主張や内容を要約するものです。その主張を評価する感想や、意見を加える課題もあります。大学1〜2年次の授業では、大きな宿題である学期末小論文として課されることも、よくあります。ブックレポートの作成手順については、第2章で解説します。

❸報告型学習レポート

　授業でとりあげた重要なテーマや用語について、複数の文献を調べて学習し、その概要を報告するものです。ブックレポートと同じように、授業での学習内容を深めさせたり、理解度を確かめたりすることを目的として課されます。また、授業ではとりあげなかった重要なテーマについて、調べることを求められる場合もあります。主に、大学1〜2年次の授業の、学期末小論文として課されます。

報告型学習レポートの作成手順についても、第2章で解説します。

❹学期末小論文・期末レポート

学期の最後に仕上げとして課されるもので、❷や❸が代表的です。その授業で学んできたことの総まとめであり、学年が上がると、卒業論文作成の練習にもなります。そのため、3〜4年次になると、卒業論文と同じような形式で書くことが求められます。この本の第3章〜第6章では、このような本格的なレポート・論文を想定し、完成までの手順や具体的な作業について解説します。

❺卒業論文

大学生活における専門分野の研究の総仕上げとして課されるもので、テーマや内容にある程度の精密さと独自性が求められます。テーマ設定から提出までの作成期間も、約1〜2年あります。資料集めや論証方法、章構成について検討を重ね、長期的な視野で取り組みます。卒業論文については、第8章で解説します。

 「報告型」と「論証型」の違いとは？

大学生の「レポート」と「論文」の違いを厳密に分けることは難しいのですが、授業内容の理解度確認など、学習的意味合いが強いものを「レポート」、専門分野の発展的研究につながるものを「論文」というと、イメージしやすいでしょう。

先ほどの❸で、「報告型学習レポート」について説明しましたが、レポート・論文は、「報告型」と「論証型」に大きく分けられます。**「報告型」は、ある特定の話題に焦点をあてて、参考資料を調べ、整理して解説するもの**で、ブックレポートや、多くの学習レポートがこれにあたります。たとえば、「少子高齢化の現状と課題」や、「食の安全性について」などのタイトルが考えられます。

それに対して**「論証型」は、あるテーマ（論点）について、必要であれば複数の資料を調べ上げ、自分の意見はどうなのか、判断を**

下します。この章のはじめで説明したように、データをもとに根拠を示し、自分の意見の正しさ・確からしさを主張するのが、「論証型」です。「ゆとり教育は学力低下を招いたか」「出生前診断は法規制すべきか」などのタイトルが、その例です。

レポート・論文の共通点は「評価される」こと

レポートも論文も、読み手によって評価されるものです。卒業論文やレポートは指導教員によって評価され、成績がつけられます。どんなに熱意を込めて書き上げても、書いたものが作成条件や評価基準に合っていなければ、低い評価になっても文句は言えません。

ですから、レポートや論文の提出を求められたら、まず**文字数・書式などの作成条件**や、**テーマ・参考文献選びなどの評価基準を、指導教員に確認**しましょう。そのほかの基本的で重要なこと、たとえば日本語表現や表記の決まり、引用の方法については、この本を最後まで読んで、しっかり身につけていってください。

レポートや論文を書く前に、作成条件や評価基準をきちんと理解しておこう

3 レポート・論文の5つの構成要素と基本レイアウト

 書誌情報・序論・本論・結論・参考文献一覧が構成要素

さて、前項では、レポートや論文とはどのような文章か、どのようなタイプがあるのかについて解説しました。ここでは、「論文」に範囲を限定して、構成やレイアウトなど、形式面の特徴について説明しましょう。

論文には、本文以外にも必要な項目があります。どんな本にも表紙に書名があるように、論文の表紙でも、表題（タイトル）・作成者・提出先を明らかにする必要があるのです。これを、**「書誌情報」**といいます。

また、一般に長い文書では、それが何について書かれたものなのか、できるだけ先に説明します。論文も同じで、書誌情報の次には、「この論文では、何をテーマとしてとりあげ、どのような方法論で、何を主張するか」について、簡潔に予告することになっています。これが**「序論」**です。

次に、論文の中心となる**「本論」**が続きますが、そのあとに本論の主張をもう一度提示し、その論文の成果や意義を振り返って確認し、評価する部分を設けます。これが**「結論」**といわれる部分です。最後に、データの出所を示す**「参考文献一覧」**を加えます。

つまり、論文の本文は「序論・本論・結論」という3つの要素で構成され、序論の前には「書誌情報」があり、結論のあとには「参考文献一覧」があるのが、基本パターンです。このように、論文は5つの要素で構成されているのです。

論文のレイアウトの実例は、次ページ以下のようになります。

表紙・書誌情報

一般的な、学習レポートや学期末小論文のレイアウトです。表題（タイトル）など、文書の整理情報を書くのが基本です。

〈ワープロソフトで作成する場合〉

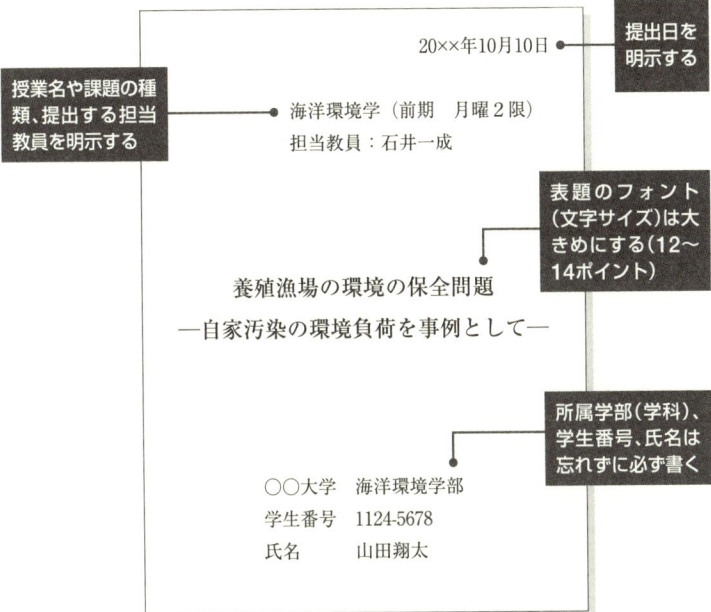

〈大学所定のレポート用紙がある場合〉

論文の要旨と序論

表紙の次の、2枚目のページのレイアウトです。

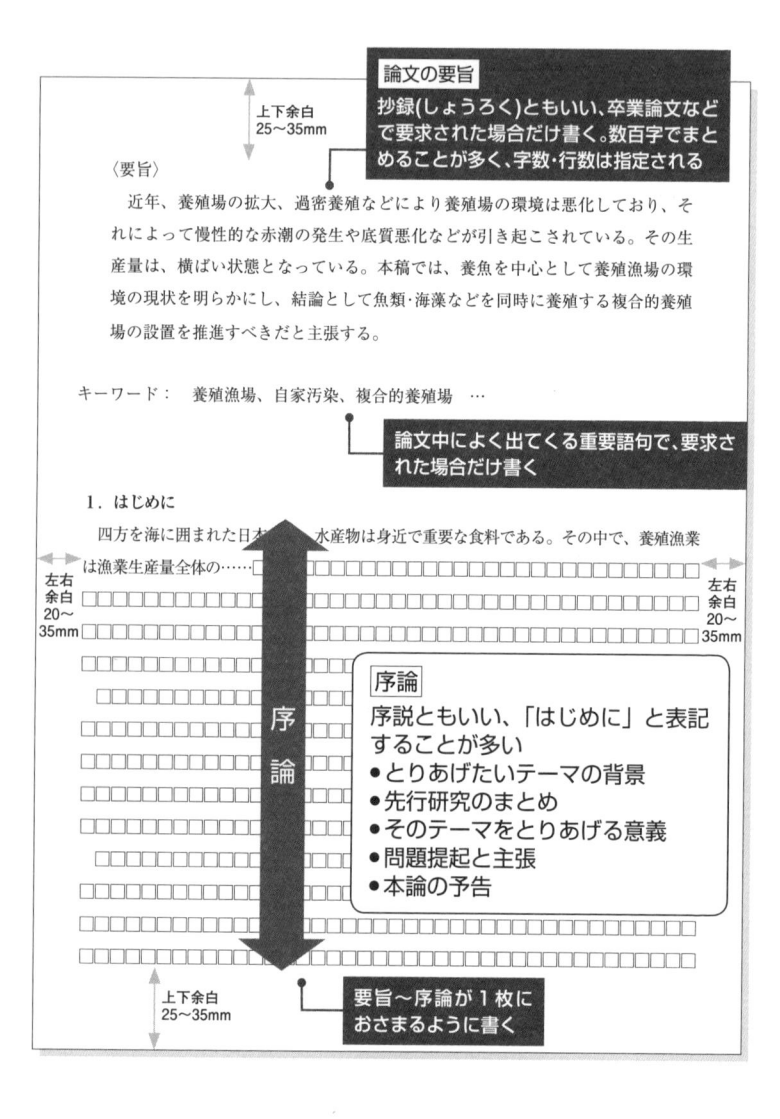

上下余白 25〜35mm

論文の要旨

抄録(しょうろく)ともいい、卒業論文などで要求された場合だけ書く。数百字でまとめることが多く、字数・行数は指定される

〈要旨〉

　近年、養殖場の拡大、過密養殖などにより養殖場の環境は悪化しており、それによって慢性的な赤潮の発生や底質悪化などが引き起こされている。その生産量は、横ばい状態となっている。本稿では、養魚を中心として養殖漁業の環境の現状を明らかにし、結論として魚類・海藻などを同時に養殖する複合的養殖場の設置を推進すべきだと主張する。

キーワード：　養殖漁場、自家汚染、複合的養殖場　…

論文中によく出てくる重要語句で、要求された場合だけ書く

1．はじめに

　四方を海に囲まれた日本で、水産物は身近で重要な食料である。その中で、養殖漁業は漁業生産量全体の……

左右余白 20〜35mm

左右余白 20〜35mm

序論

序論

序説ともいい、「はじめに」と表記することが多い
- とりあげたいテーマの背景
- 先行研究のまとめ
- そのテーマをとりあげる意義
- 問題提起と主張
- 本論の予告

上下余白 25〜35mm

要旨〜序論が1枚におさまるように書く

本論

序論のあとが本論になります。本論の論証パターンはさまざまです。主なパターンは、110〜115ページを参照してください。

2. 湖沼における水質汚染の現状

フォント（文字サイズ）の例
ワープロソフトによって異なる。基本は初期設定のままでよいが、教員から指示があればしたがう
- 本文：10.5ポイント
  1行40字×36行（A4判・横書きの場合）
- 小見出し（節）：11ポイント
- 大見出し（章）：12ポイント

しかし、そのうち20〜30%は餌、魚の排泄物、代謝主産物などの形で海中に放出されてしまい[1]、汚染を引き起こしている。

3. 水質汚染の原因

本論
- 調査・分析方法の概要
- データ
  実験・調査から得たもの、または先行研究からの引用（言説、図表、写真、イラストなど）
- データの解釈
- データに基づく主張（考察）

語句の引用元を示したり、補足的な説明をするときは、「注釈」を使う。これは「文献注」の例（注釈については175ページ参照）

本論の最後には、各章の分析を総合した「考察部」を設けることが多い

結論と参考文献一覧

結論は、本論をまとめ、振り返り、考察から得た主張をくり返して強調します。必要に応じて、補足を行います。

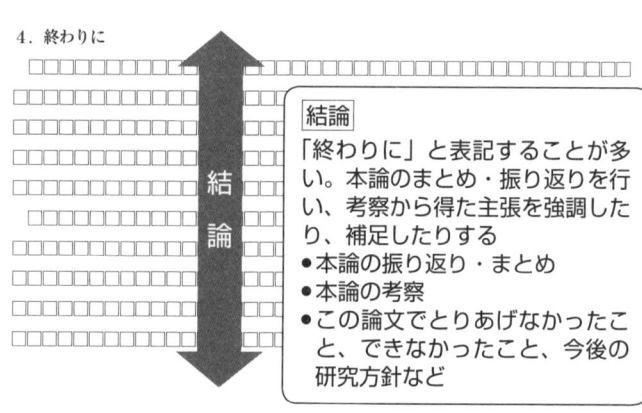

4．終わりに

結論

「終わりに」と表記することが多い。本論のまとめ・振り返りを行い、考察から得た主張を強調したり、補足したりする
- 本論の振り返り・まとめ
- 本論の考察
- この論文でとりあげなかったこと、できなかったこと、今後の研究方針など

〈参考文献〉

1) 環境GIS　http://www-gis.nies.go.jp/　水質汚濁物質について（20××年9月8日アクセス）
2) 環境機能工学　村上・竹内研究所　http://www.ube-k.ac.jp/~volnteer/MT_jpn/index.html文部科学省研究費特定領域研究「水産養殖における物質フローの解析とゼロエミッション化」海面養殖による環境負荷の実態調査（20××年9月8日アクセス）
3) Web法令データ提供システム　「持続的養殖生産確保法」http://law.e-gov.go.jp/cgi-bin/idxsearch.cgi（20××年9月8日アクセス）
4) 日本水産学会編（1977）『浅海養殖と自家汚染』（水産学シリーズ21）恒星社厚生閣
5) 渡辺競編（1990）『海面養殖と養魚場環境』（水産学シリーズ82）恒星社厚生閣

参考文献一覧

図書・専門雑誌・新聞記事・ホームページなど、本文で引用したものは、ここで出典を明示する

4 レポート・論文の作成には4つのメリットがある

文章を書くことで多くの力が身につく

ここまで読んできて、皆さんはレポートや論文を書くことを、どのように感じますか？「決まりごとが多くて、なんだか難しそうだなあ」と思う人もいるかもしれませんね。

たしかに、レポートや論文を書くには、精神的にも肉体的にも多くのエネルギーが必要です。しかし、かけた時間と労力に見合うだけのメリットがあることを、忘れてはいけません。次ページの論文作成の4つのメリットを理解して、「やる気」を高めましょう。

レポートや論文は単位取得の必須条件

さて、レポートや論文を作成することには、さまざまなメリットがありますが、何よりも重要なのは、この課題が単位取得の必須条件になっている場合が多い、ということです。○×式のテストと違って、レポートや論文には、ごまかしがききません。授業内容をしっかり理解し、専門分野の知識をきちんと身につけているかどうかが、記述内容に反映されてしまいます。だからこそ、教員はレポートや論文という課題を、大学生に課すのです。

レポートや論文の課題が出たら、「この課題は、単位取得のために越えなければならないハードルなんだ」ということを覚悟しましょう。そして、「論文を書くことは、自分のさまざまな能力を高めるよい機会だ」と、前向きにとらえることが大切です。

レポート・論文作成の4つのメリット

❶ 「自己表現」の満足感を味わえる

人間はだれでも、「自己表現をしたい」「自分を高めたい」という欲求を持っている。努力の末に完成したレポートや論文がプリンターから出力されるワクワク感を、ぜひ体験しよう。論文作成を積み重ねれば、自分の成長を実感できる。

❷ ものの見方・考え方が深まる

あるテーマについてじっくり調べ、考えることで、その分野に関する「深い知識」と「論理的思考力」が身につく。論理的な文章が書けるようになれば、伝えたい内容を的確に相手に伝えられるようになり、卒業後の仕事でも必ず役に立つ。

❸ 「段取り能力」が高まる

論文作成にはいくつものステップがあり（第3章参照）、提出期限も決められている。期限までに論文を完成させるには、きちんとスケジュールを立て、作業の進行度をチェックしながら進めていかなければならない。この「段取り能力」も、仕事をするうえで重要な能力なので、学生のうちに身につけておこう。

❹ パソコン操作の実務能力が身につく

最近では、論文の課題は、ウェブによる情報収集とパソコンによる文書作成が主流となりつつある。また、就職活動時の企業への応募も、ウェブからしか受け付けないところが多い。ビジネスでは、ITツールを使いこなす能力は必須である。パソコン操作の実務能力は、早めに身につけておきたい。

第2章

まずは1週間でレポートを書いてみよう！

この章では、大学入学後の比較的早い段階で取り組む「ブックレポート」と「報告型学習レポート」の作成手順について説明します。ブックレポートとは、指定された文献の内容を要約して、必要に応じて自分の意見や感想、批評などを加えるものです。報告型学習レポートは重要な事柄について概要を報告するもので、テーマは指定される場合と、自分で設定する場合があります。

1 「レポート」とは何かを理解しよう

2 ブックレポートはこのように書く

3 学習レポートはこのように書く

4 レポートを作成するときに注意すること

1 「レポート」とは何かを理解しよう

課題によって求められる内容は違う

　さて、第1章では、レポートと論文の違いについて、「授業内容の理解度確認など、学習的意味合いの強いもの」がレポートである、と説明しました。この章では、まず「レポート」について、もう少し詳しくお話ししましょう。

　「レポート」ということばは、いろいろな意味で使われています。ビジネスにおいては「（調査）報告書」とも呼ばれ、企業活動の実態や仕事の状況・実績をまとめたり、顧客に提案を行ったりすることを目的に作成されます。

　それに対して、大学生の皆さんが取り組む「レポート」は、大学の授業で担当教員から課題として出されるもので、**「教科内容の理解を深めること」**や、**「卒業論文作成の予行演習」**などが目的の文書といえるでしょう。一般教養科目から専門科目まで幅広く課され、テストとともに、成績評価の対象として大きな割合を占めています。

　第1章では、大学生が取り組む論文・レポートのタイプについて説明しました。そのうち、授業の中でよく課されるものは、①**授業カード（質問カード）**、②**ブックレポート**、③**報告型学習レポート**、の3タイプです。それぞれの課題が「何を求めているか」は、次ページにまとめました。これら以外に、理系の学科などでは、科学実験や観察、実習などの計画から結果までをまとめる報告書を課されることもあります。

　この第2章では、大学入学後の早い段階で取り組むことになる②と③の作成手順について、具体的に説明していきましょう。

レポートのタイプと課題が求める内容

レポートのタイプ	課題が求める内容
①授業カード 質問カード	**・エッセイ(感想中心)** 授業内容やそこでとりあげたテーマについて思ったこと **・批評(賛否・意見が中心)** 授業内容やそこでとりあげたテーマについての意見や提案など
②ブックレポート	重要な論点を整理し、把握する力や批評する力をつけさせることが目的で、次の2つのパターンがある **・指定図書の要約** **・指定図書の要約+意見**
③報告型学習レポート	複数の本から重要な論点をまとめ、論証する力をつけさせることが目的 **・指定された重要語や論点の概要 (現状・原因・影響・対策など)**
④観察・実験・実習の報告書	データの扱いや分析方法を学ばせることが目的 **・あるテーマについて、アンケートやインタビューなどの調査を行い、明らかになったことの報告**

\ Advice /

レポートの課題が出たら、課題が求めている内容をしっかり確認し、要求されていることを間違えないようにしましょう。要約だけを求めているのに意見も書いてしまうと、評価が低くなります。

2 ブックレポートはこのように書く

要約には2つの方法がある

　ブックレポートは、課題図書レポートまたは読書レポートともいい、**指定された文献(本や論文)を熟読し、内容を要約したり、著者の主張や論点をまとめたりするもの**です。それに加えて、意見・感想が求められることもよくあります。教員は「授業の中で扱うテーマに関する主要な文献を読ませたい」「授業内容への理解を深めさせたい」「重要事項がきちんと理解できているかどうか確かめたい」など、さまざまな意図でブックレポートという課題を出します。

　ブックレポートの中身や書式は、指導教員によってさまざまです。一般に、要約には次の2つの方法があります。

❶文献全体を要約する(縮小版を作る)

　文献全体の「縮小版」を作るイメージです。まず、各章の内容を「パラグラフ形式」でまとめます。「パラグラフ」とは「1つのことを述べるために役割分担された文の集まり」で、要点を示す「中心文」が段落の最初にくるのが原則です(84ページ参照)。「中心文」を集め、字数などを考慮しながら重要なものにしぼって並べると、文献全体の要約になります。

❷重要な論点だけを要約する

　文献全体をまとめるのではなく、「著者が最も主張したい、いちばんのメインテーマは何か」「どのような方法論で最終的に何を主張したいのか」「疑問に思う点・反論したい点」にしぼって要約するタイプです。意見・感想・批評などが求められる場合は、そのなかでとりあげたい点に対応する部分にしぼって要約します。

ブックレポートの書式例

日付：　　年　　月　　日

授業名　：　　　　　　　担当教員：
学生番号：　　　　　　　氏名　　：

書誌情報
　書名：　　　　　　　　著者名：
　出版社：　　　　　　　出版・刊行年：

要約

> 要約には、文献全体を要約する場合と、重要な論点だけを要約する場合がある。枚数は、2枚以上になることもある

> 要約だけで考察は求められない場合もあるが、逆に考察が中心になる場合もある。また、要約と考察の欄を分けない「批評（書評）」の場合もあり、タイプによって記入スペースの配分は異なる

考察（意見または感想）

第2章　まずは1週間でレポートを書いてみよう！

意見・感想・批評の違いを正確に理解しよう

要約のタイプがわかったら、意見・感想・批評の違いにも注意しましょう。

❶意見

その課題が「意見」を求めているのであれば、**賛否（賛成か反対か）・真偽（本当かどうか）・是非（よいか悪いか）・正誤（正しいかどうか）などについて客観的に判断し、根拠をあげて説明する（主張する）**必要があります。たとえば、著者の論点や主張、根拠としているデータをよく検討し、「意義は何か」「欠点や矛盾はないか」などを考え、意見の材料にするのです。

❷感想

その文献を読んで、心に浮かんだ思いや印象が中心になります。意見とは違い、**好き嫌いなどの主観に重点があり、自分の体験や価値観をもとにどう感じたかを書きます。**心に感じたことや、思いついたことを、ある程度自由に書いてかまいません。しかし、指導教員によっては、「感想を書け」という指示であっても、「意見」や「批評」を求めていることもあるので、気をつけてください。出題意図がわかりにくい場合は、必ず指導教員に確認しましょう。

❸批評（書評）

批評とは、「ものごとのよしあしや是非などについて論じること」です。ブックレポートで批評や書評を求められたら、**その文献のどこに価値があるかを述べながら、内容を紹介する**必要があります。つまり、「意見」や「感想」を交えながら、その文献の本質的で重要な部分について解説しなければなりません。

批評や書評の課題では、要約と意見・感想を分けずに、1つの文章にまとめることもあります。

ブックレポート完成までの4つのステップ

Step1　課題の趣旨・作成条件などを確認する

　ブックレポート作成前に、次の点を必ず確認しましょう。これらの条件をきちんと守らないと、評価が低くなったり、単位を落としたりするおそれがあります。

- ワープロソフトで作成するのか、レポート用紙などに手書きにするのか
- 文字数や行数、枚数に指定はあるか
- ワープロソフトで作成する場合、書体や文字の大きさなどに指定はあるか
- 要約方法は「文献全体」なのか、「重要な論点だけ」なのか
- 要約だけでよいのか、要約に加えて自分の意見・感想なども書くのか
- 要約に加えるのは「意見」「感想」「自由に書いてよい」のどれか
- レポートでとりあげる内容について、ほかに指定はないか
- いつまでに、どこに、どのように提出するか（研究室・事務室のどちらに？／持参・メールのどちらで？）

Step2　指定の文献をざっと見渡して書く内容を探す

　指定の文献をざっと見渡して、ネタ（書く材料）がどこにあるのかを探し出しましょう。初対面の人に会うときでも、外見の印象は強く残るものです。それと同じように、まず表紙・本のタイトル・著者紹介・目次などを眺めます。そこで感じたことを最初に記録しておくと、読む前の印象と読んだ後の感想の"変化"がネタになる可能性が高くなります。

　次に、くり返し登場するキーワード（重要語）や、著者がいちばん言いたいことが書かれている重要ページを、チェックしておきま

す。キーワードに関しては、辞書や事典で意味を調べ、整理しておきましょう。

Step3　書く内容を検討しながらじっくりと読む

　キーワードや重要ページを確認しながら、**「著者がとりあげたいいちばんのテーマ（論点）は何か」「どのような方法論で最終的に何を主張したいのか」「疑問に思う点・反論したい点」**を探し出します。36ページの要約方法❷を行うつもりで、じっくりと読みましょう。重要箇所には、引用候補としてマーカーや付箋（ふせん）などで印をつけながら、作業することを心がけてください。

　自分の意見を作り上げるには、文献中の意見やデータ、説明を批判的に読む必要があります。批判的な読み方をするには、原因・実態・対策などのうち、自分がどこに着目するかを決め、それについて「疑問に思う点」をできるだけ多くあげることが大切です。詳しいことは、第３章の＜「問いと答えのリスト」を作る＞（62ページ）を参照してください。

Step4　要約および自分の意見・感想を文章にする

　要約だけの場合は、レポートの作成条件に合わせて文章にまとめます。意見・感想が求められている場合は、こちらから書き始めたほうがよいでしょう。ブックレポートでは、文献の中から著者の意見やデータなどを引用し、それをもとに自分の意見を述べます。したがって、**「著者は、『…』と述べているが、この点に関し、私は反対（賛成）である」**のように、引用してから意見を示すのが基本です（右ページ参照）。

　意見や感想がまとまったら、それにうまく対応する要約を考えます。要約の中に、意見・感想でとりあげた著者の主張がしっかり含まれているか、確認しながら文章をまとめましょう。

引用表現の基本

田中(2009) は、
文献の著者名(発行年)

「　　　　」 と
引用部分

述べている。
とりあげの述語

この点に関し、私は **賛成／反対** である。
自分の意見

〈「とりあげの述語」の例〉

●述べている	●論じている	●説明している
●分析している	●整理している	●指摘している
●考察している	●主張している	●批判している
●反論している	●とらえている	●示唆している

＊要約だけの場合にも、引用表現を使うことができる
＊引用表現について、詳しいことは第7章171ページ参照

第2章　まずは1週間でレポートを書いてみよう！

＼Advice／

要約や意見・感想を1つの文章にまとめる「書評」の課題には、新聞の書評ページが参考になります。書評ページは、主要新聞の日曜版にありますので、参考に読んでみるとよいでしょう。

3 学習レポートは このように書く

重要な事柄についてまとめる「学習レポート」

大学の授業で課されるレポートには、先ほど解説したブックレポートとは別に、必要な本を自分で探して、重要な事柄についてまとめる「学習レポート」があります。

学習レポートには、「報告型」と「論証型」の2つのタイプがあります。報告型学習レポートとは、**学問分野の中で重要と思われるテーマやキーワードについて、その概要を報告するもの**です。ある現象の定義や現状、原因、影響（問題点）、対策などが、その内容になります。ブックレポートと同じように、「授業でとりあげた内容を深めさせたい・理解できているか確かめたい」「授業ではとりあげられなかった重要なテーマについて自分で調べてほしい」などの意図で課されます。「複数の本についてのブックレポート」ともいえるでしょう。

「学習レポート」の4つの出題パターン

報告型学習レポートの出題パターンは、**Ⓐ取り組むべきテーマが教員から指定されているタイプ**、**Ⓑ学生が自分自身でテーマを設定するタイプ**、の2つに大きく分けられます。たとえば、「地球環境問題」の授業で出される課題をⒶ・Ⓑ2つに分けると、次のようになります。

Ⓐ ゲリラ豪雨がもたらす影響とは何か、説明しなさい。

Ⓑ 地球温暖化による現象を1つとりあげ、概要を報告しなさい。

Ⓐは、取り組むべきテーマが「ゲリラ豪雨」と指定されています。それに対して、**Ⓑ**はさまざまな地球温暖化をめぐる問題の中から、学生が自由にテーマを選ぶように指示されています。

　次に、論証型の学習レポートですが、これはあるテーマについて、証拠をあげながら意見を述べることが中心となるものです。こちらも、**Ⓒ**取り組むべきテーマが教員から指定されているタイプ、**Ⓓ**学生が自分自身でテーマを設定するタイプ、の2つに大きく分けられます。たとえば、**Ⓒ**・**Ⓓ**それぞれの例は、次のとおりです。

> **Ⓒ** ペットボトルのリサイクルは有効かどうか、論証しなさい。
>
> **Ⓓ** 地球環境問題に関する重要な論点を1つとりあげ、自分の立場を決めて論じなさい。

　学習レポートのタイプをまとめると、下の表に示す4つに分けられることになります。学習レポートを書く前に、自分が取り組むレポートはどのタイプなのか、きちんと理解するようにしましょう。

学習レポートの4つのタイプ

	教員からテーマ（論点）が与えられる	自分自身でテーマ（論点）を設定する
報告型	Ⓐ	Ⓑ
論証型	Ⓒ	Ⓓ

参考資料：戸田山和久(2002)

報告型学習レポート完成までの4つのステップ

Step1　課題の趣旨・作成条件などを確認する

　Step1は、ブックレポート作成の場合と同じで、課題の趣旨・作成条件など、課題そのものを知ることです。これは、すべての論文課題において、必要なステップです。ただし、ブックレポートとは違い、複数の文献をもとに、テーマや報告内容をまとめあげることが求められます。求められる報告内容は課題によってさまざまですから、何を報告すべきなのかをできるだけ早く理解しましょう。そうすれば、Step2の資料を探す作業が楽になります。

Step2　背景・基礎知識を得るために基本資料を入手する

　あるテーマについて報告するには、そのテーマを詳しく知る必要があります。たとえば、「地球温暖化」という現象について報告するには、「地球温暖化」についての解説書・入門書を読み、基礎知識を得なければなりません。

　基礎知識とは、たとえば「地球温暖化」という現象の定義、現象の実態を示す現状、現象が起こった原因、現象がもたらす影響、解決のための対策、その対策についての評価、などです。

　高校レベルの知識なら、教科書1冊で身につけられるでしょう。しかし、大学生が取り組むような複雑で高度な問題であれば、より学術的な専門書を複数読み、深い知識を得ることが必要になります。どのように基本資料を探すか、どのように読むかについては、第3章の56〜59ページを参照してください。

Step3　報告内容を選び、アウトラインを作る

　複数の文献から情報を集めたら、報告すべき項目を探し出して、まとめあげます。集めた情報を、序論・本論・結論の中で配置・展

開し、読み手に伝わるストーリーを作りましょう。このストーリーを、「アウトライン」といいます。報告型学習レポートのアウトラインについては、次ページを見てイメージをつかみましょう。これは、章立てや小見出し、箇条書きの文で構成された「項目アウトライン」と呼ばれるものです。作り方の詳細は、第5章の116〜119ページで説明します。

また、ある現象の現状・原因・影響などを効果的に説明するには、図表やグラフなどの説得力を高めるデータが必要になります。データの見せ方の工夫については、第3章の70〜71ページで説明します。

Step4 アウトラインを文章化する

アウトラインが完成したら、箇条書きの文や配置したデータなど、1つ1つの要素をふくらませていきます。3枚（3000字）以上の長いレポートなら、項目アウトラインを作り、説得の根拠となる図表やグラフなどの配置を決めてから、文章を書き始めることをおすすめします。データの配置や構成が決まる前に文章を書き始めてしまうと、構成や記述の量、配分を変えるときに、苦労することになるからです。

論証型学習レポートの場合は、この本の第3章以降を参考に、もっと細分化したアウトラインを作ってから、文章化するとよいでしょう。

また、レポートは、それにふさわしい文章表現を使って書かなければなりません。たとえば、口語表現を使わない、「…と思う」「…と感じる」などの主観的な表現を使わない、などの原則があります。具体的には、第6章を参考にしてください。文章表記上の一般的なルールについては、第7章で説明しています。

報告型学習レポートの構成例

「報告型学習レポート」のイメージをつかんでもらうための構成例です。
実際には、原因だけに話題をしぼったり、対策について詳しく記述したり、重点の置き方によってとりあげる項目を選びます。

タイトル：日本における地球温暖化の現状

1. はじめに

2. 日本における地球温暖化の現状

(1) 温暖化とは何か
(2) 温暖化の現状
(3) 他国の状況

3. 温暖化の原因

(1) CO_2の排出
(2) 森林の減少

4. 温暖化の影響

(1) ゲリラ豪雨
(2) その他の異常気象
(3) 経済的な打撃

5. 温暖化の対策と取り組み

(1) 国による法整備
(2) 企業の取り組み
(3) 個人の取り組み

6. 終わりに

(1) まとめ
(2) 個人でできること
(3) 本稿でできなかったこと

〈参考文献〉

4 レポートを作成するときに注意すること

📝 レポートの評価を下げる行為を理解しておこう

　この章では、大学1〜2年次でよく出される課題について、説明してきました。何よりも大切なのは、求められる記述が「要約」なのか、「感想や意見」も必要なのかなど、課題の趣旨や出題意図をしっかり把握してから取り組むことです。レポートの評価を下げる"ダメな行為"は、次の3つです。

- 意見を求められているのに、感想文になっている
- 報告型レポートで、物事の定義や説明が不十分なために読み手が理解できない
- 意見の根拠がなかったり、引用方法が不適切だったりして、著者の意見と自分の意見が区別されていない

✏️ レポートの評価を上げるポイントとは

　では、評価を上げるためには、どのような工夫が必要でしょうか。大学1〜2年次のレポートであっても、教員によっては、**とりあげるテーマに実証性・独自性・新規性などを求める**ことがあります。

　つまり、確かな証拠に基づいて論じているか、ほかには見られない独自のテーマ設定、着眼点があるか、これまでの研究にはない新しい工夫があるか、ということです。とくに、卒業論文作成が間近な3〜4年次のレポートでは、このような点に留意する必要が出てくるでしょう。

　レポートの基本を身につけたら、第3章以降で、より本格的な学期末小論文・期末レポートなどの作成方法を学びましょう。

第2章のまとめ

◆レポートの主なタイプ
　①授業カード、質問カード　　②ブックレポート
　③学習レポート(報告型・論証型)　④観察・実験・実習の報告書

◆レポートのさまざまな目的
- 授業内容の理解を深める
- 重要語や論点を整理し、まとめる力をつける
- 批評する力や、論証する力をつける
- データの扱い方や分析方法を身につける

◆ブックレポートの書き方
- 指定された文献を読んで、内容を要約したり、著者の主張や論点をまとめたりする
- 意見、感想、批評などを求められることもある

　Step1　課題の趣旨・作成条件などを確認する
　Step2　指定の文献をざっと見渡して書く内容を探す
　Step3　書く内容を検討しながらじっくりと読む
　Step4　要約および自分の意見・感想を文章にする

◆報告型学習レポートの書き方
- 重要な論点や重要語について、複数の文献を調べて報告する
- 教員からテーマが与えられる場合と、自分自身でテーマを設定する場合がある

　Step1　課題の趣旨・作成条件などを確認する
　Step2　背景・基礎知識を得るために基本資料を入手する
　Step3　報告内容を選び、アウトラインを作る
　Step4　アウトラインを文章化する

◆評価を下げる行為と評価を上げるための工夫

第3章

論文を書くための10のステップ

本格的な論文を書く場合は、次のような10のステップで取り組むとよいでしょう。文章を書き始める前にきちんと情報を整理し、ていねいにアウトラインを作ることが大切です。

- **Step1** 課題の趣旨や作成条件を理解し、スケジュールを作る
- **Step2** 基本資料を入手して、テーマに関する基礎知識を得る
- **Step3** 「見取り図資料」を作って、情報を整理する
- **Step4** 「目標規定文」を作って、論証方法を考える
- **Step5** 論証方法に合ったデータを集め、見せ方を考える
- **Step6** 「目標規定文」を「項目アウトライン」に発展させる
- **Step7** 「項目アウトライン」を「文アウトライン」に発展させる
- **Step8** 「文アウトライン」を「完成版アウトライン」にする
- **Step9** 「完成版アウトライン」を文章にする
- **Step10** 最終チェックをして、完成原稿に仕上げる

論文作成の**10**のステップ

Step1 課題の趣旨や作成条件を理解し、スケジュールを作る
論文の課題が出たら、まず教員の「出題意図」や「課題の趣旨」、単位取得のための「作成条件」や「評価基準」を確認します。それから、論文完成までのスケジュールを立てましょう。

Step2 基本資料を入手して、テーマに関する基礎知識を得る
パスファインダーなどを利用してテーマ候補となるキーワードを探し、基本資料を集めます。じっくりと読み込んで、テーマに関する基礎知識を身につけましょう。

Step3 「見取り図資料」を作って、情報を整理する
基本資料から情報がある程度集まったら、「見取り図資料」によって整理し、自分の問題意識をはっきりさせます。思考マップ・問いと答えのリスト・情報カードなどを用いる方法があります。

Step4 「目標規定文」を作って、論証方法を考える
「見取り図資料」をもとに、論文のテーマや自分の主張を短い文章に表した「目標規定文」を作ります。また、説得力のある論証方法や、必要なデータを集める方法についても、考えましょう。

Step5 論証方法に合ったデータを集め、見せ方を考える
論証に必要なデータを集め、グラフ・表・チャートなど、説得力のある見せ方について考えます。データの信頼性を高める提示方法についても、きちんと理解しておきましょう。

この第3章では、学期末小論文や卒業論文など、本格的な論文の作成方法について、10のステップで解説します。
各ステップの詳細については、第4章〜第6章で解説します。

Step6 「目標規定文」を「項目アウトライン」に発展させる

考察を進めて、目標規定文の内容を、序論・本論・結論のなかでどのように展開するかを考えます。そして、目標規定文を、論文の骨組みとなる「項目アウトライン」まで発展させます。

Step7 「項目アウトライン」を「文アウトライン」に発展させる

箇条書きの「項目アウトライン」を1〜2行の文に進化させ、「文アウトライン」を作ります。各章で何を述べるかを明確にして、修正を加えた場合は目標規定文も修正しましょう。

Step8 「文アウトライン」を「完成版アウトライン」にする

「文アウトライン」に修正を加えて、アウトラインを完成させます。各章の内容を決定し、章見出しも確定させましょう。論文の表題を決定し、引用・参考文献についても整理しておきます。

Step9 「完成版アウトライン」を文章にする

アウトラインが完成したら、論文を書き始めます。「パラグラフ形式」にして、1区切りの文章では1つの話題について述べるようにすると、主張が明確で読み手にわかりやすくなります。

Step10 最終チェックをして、完成原稿に仕上げる

論文を書き上げたら、アウトラインどおりにできあがっているかなどをチェックします。日本語表現や表記についての最終チェックがすんだら、原稿が完成します。

Step1 課題の趣旨や作成条件を理解し、スケジュールを作る

Point▼

- 評価されるレポート・論文にするために、「出題意図」や「課題の趣旨」を正確に理解する
- 確実に単位を取得するために、提出期限や文字数などの「作成条件」を確認する
- 「評価基準」を把握して、より高い評価をめざす
- 提出までに必要な手順や時間を考え、スケジュールを作る

教員の「出題意図」や「課題の趣旨」を理解する

　レポート・論文の課題が出たら、まずなぜその課題が出されたのかという**「出題意図」**と、どのように書くことが求められているのかという**「課題の趣旨」**を、理解しておかなければなりません。

　レポート・論文はいくつかのタイプに分けられ、タイプによって書き方を変える必要があることは、第1章・第2章で説明したとおりです。出題意図や課題の趣旨を正確に理解し、それに合った書き方をしなければ、減点されたり、場合によっては不合格になったりする可能性がありますので、注意してください。

「作成条件」や「評価基準」を確認する

　確実に単位を取得し、高い評価を得るためには、まずレポート・論文の**「作成条件」**を確認しておきましょう。

　レポート・論文には、必ず**「提出期限」**（締め切り）があります。期限までに提出できなければ、最悪の場合は評価の対象外となって、

単位がもらえないこともあります。ほかにも、枚数や文字数、提出方法など、最低限守らなければいけない条件がいくつかあります。これらの条件を守らないと、論文の評価が低くなってしまいます。

また、できれば、論文の**「評価基準」**も知っておきたいところです。たとえば、「3つの具体例をあげて説明せよ」のように、内容に関する条件が示される場合があります。「3つの具体例という条件を満たし、データを用いて意見を提示していれば80点」「具体例が2つしかない、根拠があいまいな場合は60点」などが評価基準になります。残念ながら、評価基準については、授業で発表されないことも多いようです。そのような場合は、教員が作成したシラバス（授業の詳細を記した冊子で、学年のはじめに配られるもの）を、確認します。そこに課題の詳細が書かれていなければ、教員に直接質問して、確認するとよいでしょう。

課題が出たら確認すること

出題意図
- 授業の理解度を確かめる
- 調べる力を高める
- 論文の形式に慣れさせる

課題の趣旨
- 指定されたテーマについて書く
- 自分でテーマを設定して書く
- 参考文献などを調べてまとめる（報告型）
- データをもとに自分の意見を述べる（論証型）

作成条件
- 枚数・文字数（1ページ○字×○枚）
- 提出期限（○月○日○時まで）
- 提出方法（研究室まで持参・メールに添付して送信 など）
- その他（使用する参考文献名など）

論文提出までのスケジュール表を作る

　レポート・論文の作成にはいくつかの必要な手順があり、それなりの時間がかかります。締め切り直前になって徹夜で仕上げるようでは、評価される内容にすることはできません。また「提出期限に間に合わない！」などということにならないためにも、最初にきちんとスケジュールを立てましょう。

　本書で解説するStep1～Step10の手順を参考にして、それぞれに必要なだいたいの時間数を計算し、提出日から逆算してスケジュールを立てましょう。次ページにスケジュール表の例をあげましたので、参照してください。

　卒業論文など、作成期間が長期にわたる場合は、主な関連行事も記入した本格的なスケジュール表を作る必要があります（第8章189ページ参照）。そして、進行状況を定期的にチェックしながら、論文の作成を進めていきましょう。この作業は、将来の仕事で必要な「段取り能力」を高めることにもなります。

　もちろん、スケジュールどおりに進まないこともあります。予想していなかった追加の作業や、内容の修正が必要になって、時間がかかるかもしれませんし、体調を崩すことや、ほかの予定が入ることもあるでしょう。そのような場合は、スケジュールも見直さなければなりません。

　しかし、最初にきちんとスケジュール表を作っておけば、スケジュールの一部に変更があっても、それが残りの作業にどう影響するかがひと目でわかるので、調整しやすくなります。ただし、予定外のことが起こってもあとで変更できるように、スケジュールにある程度の余裕を持たせておくことも大切です。そのためにも、課題が出されたら、早めに取り組むようにしましょう。

約2週間で2本のレポートを提出する場合

レポート作成のスケジュール例

	1限	2限	3限	4限		自宅作業
5日		本の読み込み			専門科目Dのブックレポート	
6月	英語Ⅱ	心理学概説	一般教養科目A			文献探し&テーマ設定
7火	日本語表現法	一般教養科目B	本の読み込み			
8水		意見作り・アウトライン作成				
9木	情報リテラシーⅠ	専門科目C				仕上げ&見直し
10金		専門科目D	提出			
11土						文献読み&テーマ探し
12日					一般教養科目Bのレポート	
13月	英語Ⅱ	心理学概説	一般教養科目A			
14火	日本語表現法	一般教養科目B	文献読み&テーマ決定			引用整理&構成決め
15水		図表整理&構成決め				
16木	情報リテラシーⅠ	専門科目C				アウトライン&原稿作成
17金		専門科目D	原稿作成			
18土						原稿作成
19日						
20月	英語Ⅱ	心理学概説	一般教養科目A			仕上げ&見直し
21火	日本語表現法	一般教養科目B	提出			

（点線囲み）専門科目Dのレポート作成作業　　（実線囲み）一般教養科目Bのレポート作成作業

第3章　論文を書くための10のステップ

\ Advice /

短期間で複数のレポートを提出することは、よくあります。そのような場合は、上のスケジュールのように、授業のあき時間も有効に活用して作業を進めましょう。

Step2 基本資料を入手して、テーマに関する基礎知識を得る

Point▼

- 図書館のパスファインダーを活用して、論文のテーマ候補となるキーワードを探す
- キーワードを理解するために必要な基本資料を集める
- 基本資料を読み、問題の背景などについて基礎知識を得る

テーマ候補となるキーワードを探す

Step 1で準備を整えたら、いよいよ論文執筆に向けての作業に取りかかります。論文のテーマを設定するために、基礎知識を身につけ、テーマ設定のもとになるキーワード（重要語）を増やさなければなりません。

キーワードを探すには、多くの大学の図書館に備えられている、「パスファインダー」を利用するのが便利です。**「パスファインダー」とは、ある特定のトピック（話題）に関する資料や情報をまとめた、図書館作成の独自の資料リストです。**それぞれの学問分野ごとに、これまでに議論されてきたトピックがまとめられており、それに関連するキーワードがリストアップされています。次ページに、「食文化」をトピックとした場合の、キーワードと情報源の例を紹介しましたので、参考にしてください。

テーマ候補となるキーワードにどのようなものがあるか、それについて知るにはどのような基本資料を見ればよいか、パスファインダーに目を通せば、必要な情報を手に入れることができます。パスファインダーについては、第4章の94ページでも解説します。

トピックとキーワードの例

(法政大学図書館のパスファインダーより)

トピック

食文化について調べてみよう

これは、「食文化」に関するパスファインダーです。食文化について調べたい時やレポートや論文を書く際の情報探索のプロセスや情報源を紹介しています。

目次	
1. キーワードはこれ!	…p.1
2. 入門的な情報源で概要をつかむ	…p.1
3. 図書を探す	…p.2
4. 雑誌記事、論文を探す	…p.2-3
5. 新聞記事を探す	…p.3-4
6. 専門的な情報源を調べる	…p.4
7. Webサイトで関連情報を検索する	…p.4
8. 類縁機関を調べる	…p.4
9. 本学図書館にない資料を検索する	…p.5
10. 他大学、他機関所蔵の資料を入手する	…p.5

1. キーワードはこれ!

「食文化」とは食にまつわる文化を総称する概念で、関連する範囲はとても広いため、特に調べたいと考えているキーワードをいくつか挙げてみると、オンライン目録 (OPAC) や各種データベースで検索しやすくなります。以下はキーワードの例です。

キーワード
食育、日常食、行事食、家庭料理、伝承料理、薬膳料理、アルコール飲料、有機農業、外食産業、加工食品、ファーストフード、スローフード、ジャンクフード、惣菜、前菜、インスタントラーメン、スナック菓子、バイオ食品、コンビニエンスストア、夜食、間食、偏食、断食、孤食、弁当、早食い、テーブルマナー、食事作法、箸、生活習慣病、栄養失調、摂食障害、食器

2. 入門的な情報源で概要をつかむ

「キーワード」を手がかりに百科事典、用語事典で概要をつかみましょう。

<図書館で所蔵している入門的な情報源 (一例) >

資料情報 (書誌情報)	請求記号 (分類番号)	配置場所
●『世界大百科事典』平凡社	031/4/3-1/R~ 031/4/3-31/R	市ヶ谷 開架 参考コーナー 他
『ケンブリッジ世界の食物史大百科事典』朝倉書店	383/116/1/R~ 383/116/5/R	市ヶ谷 閉架書庫
『図説江戸料理事典』柏書房	383/148//R	市ヶ谷 閉架書庫 他
『食の文化を知る事典』東京堂出版	383/409	多摩 閉架書庫 他
A dictionary of Japanese food : ingredients & culture / Richard Hosking. Charles E. Tuttle, 1996.	596/HO	多摩 開架
「ジャパンナレッジ プラス」 *	オンラインデータベース	学内者のみ利用可

基本資料

* ログインした最初のページ で「食文化」と入力し、 記事の検索 URLの検索

書籍の検索 をクリックしてみましょう。

第 **3** 章 論文を書くための10のステップ

自分に合った基本資料を集める

　論文のテーマに関する基礎知識を得るための基本資料は、大きく分けると、次ページの5つになります。百科事典にはCD-ROM版もあり、新聞はWeb上でも読むことができます。そのうちよく利用されるのは、参考図書・一般図書・雑誌類です。

　膨大な資料の中から、自分に必要な基本資料を集めるには、パスファインダーを利用したり、大学の図書館にある索引目録で検索したりするとよいでしょう。わからないことがあれば、指導教員や図書館の司書に、遠慮せずに相談することです。

　ただし、Web上の検索ツールやコンテンツの利用については、注意が必要です。主観的な意見や宣伝など、信頼性の低い情報を載せている場合も多いからです。第1章でも説明したように、その情報が信頼できるもの（その分野を専門とする研究者や公的な調査機関が発表したもの）かどうか、きちんと確認することが重要です。Web版百科事典の『ウィキペディア』は、基本資料と認めていない教員も多いので、事前に教員に確認するなどの注意が必要です。

集めた基本資料に目を通す

　必要な基本資料を手に入れたら、それにじっくりと目を通します。重要な箇所に付箋を立てたり、線を引いたりしながら読むとよいでしょう。図書館で借りた本には線を引くことができませんので、重要なページはコピーをとって、手元に置いてください。

　資料を読みながら、キーワードに関連する情報を整理して、ノートや「情報カード」（64ページ参照）に、書き出します。テーマ候補となるキーワードについて、基礎知識となる情報をしっかりと身につけるようにしましょう。基本資料の読み方については、第4章で改めて解説します。

論文の基本資料の種類

①	参考図書（レファレンスブック）	辞書、人名事典、用語集、百科事典、統計集など
②	一般図書	新書、入門書、解説書、専門書など
③	雑誌類	学術雑誌、紀要、論文集など
④	新聞（縮刷版・データベースも含む）	社会面、論説、投稿記事など
⑤	Web上のコンテンツやデータベース	各種ポータルサイト、大学OPAC（94ページ参照）など

キーワードに関する情報の整理方法

キーワード（テーマ候補）	ヒートアイランド現象
現状や社会的影響	都市部の気温が郊外よりも高くなり、異常気象の原因との指摘もある
注目された背景と経緯	地球温暖化との関連が論議されている
原因・理由	過剰な冷房使用、地表のコンクリート化・舗装化、森林の減少など
対策・解決策	自動車の排気ガスの排出抑制、都市部の緑化など
これまでの議論や研究	田中(1998, p.25-41)、山田(2004, p.8-12)

Step3 「見取り図資料」を作って、情報を整理する

Point▼

- 基本資料を読んで集めた情報を、3種類の「見取り図資料」のどれかを作って整理する
① 「思考マップ」で図に表す
② 「問いと答えのリスト」を作り、短い文にまとめる
③ 「情報カード」に書き込んで並べ、論文の構成やデータの配置を考える

自分の問題意識を表す「思考マップ」を作る

基本資料を読み込むにつれて、自分のとりあげたいテーマや問題意識が、少しずつはっきりしてきます。これらを情報化したものが、「見取り図資料」です。ここでは3種類の「見取り図資料」を紹介しますので、自分に合った方法を選びましょう。

1つめとして、「**思考マップ**」という方法があります。**自分が関心を持ったことや疑問を感じたことなどを、連想ゲームのように図にまとめて表すもの**で、ビジネスの場で商品の企画や問題の解決策を考える際にも応用できます。次ページに例をあげました。

思考マップには、①**自分の問題意識をはっきりさせる**、②**調べる事柄を絞り込み、集めた情報の関係性を整理する**、という2つの目的があります。最初は、キーワードや疑問点を紙面にどう並べればよいか、難しく感じるかもしれません。思考マップがうまく書けない場合は、Step 2に戻って基本資料をさらに読み込み、情報の整理をやり直しましょう。思考マップに何度も修正を加えたり、新しい

思考マップの例

「水質汚染」というキーワードから連想したことをまわりに書き込み、線でつないで図に表しています。

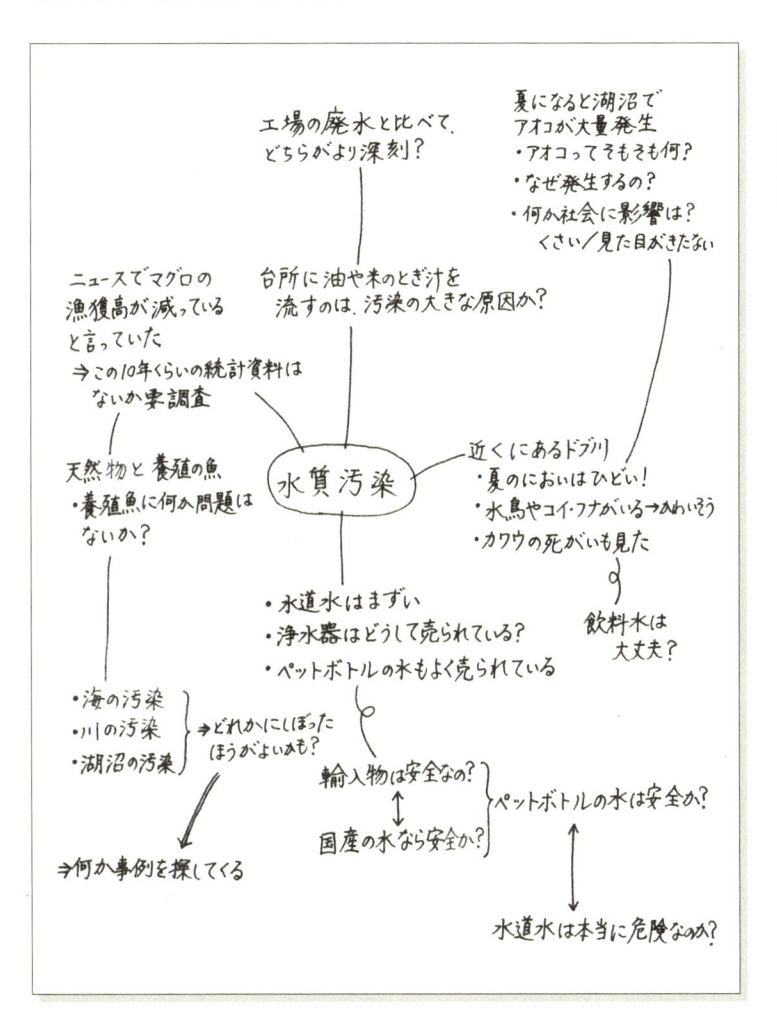

- 工場の廃水と比べて、どちらがより深刻？
- 夏になると湖沼でアオコが大量発生
  - アオコってそもそも何？
  - なぜ発生するの？
  - 何か社会に影響は？　くさい／見た目がきたない
- ニュースでマグロの漁獲高が減っていると言っていた
  ⇒この10年くらいの統計資料はないか要調査
- 台所に油や米のとぎ汁を流すのは、汚染の大きな原因か？
- 天然物と養殖の魚
  - 養殖魚に何か問題はないか？

中心：**水質汚染**

- 近くにあるドブ川
  - 夏のにおいはひどい！
  - 水鳥やコイ・フナがいる→かわいそう
  - カワウの死がいも見た
- 飲料水は大丈夫？
- ・水道水はまずい
  ・浄水器はどうして売られている？
  ・ペットボトルの水もよく売られている
- ・海の汚染
  ・川の汚染
  ・湖沼の汚染
  ⇒どれかにしぼったほうがよいかも？
  ⇒何か事例を探してくる
- 輸入物は安全なの？ ↔ 国産の水なら安全か？ ｝ペットボトルの水は安全か？
- 水道水は本当に危険なのか？

第3章　論文を書くための10のステップ

情報をつけ加えたりしても、もちろんかまいません。

思考マップを作ると、説得力のある主張をするためには何を調べるべきかが、わかりやすくなるでしょう。実際の作り方については、第4章の98ページで、具体的に解説します。

「問いと答えのリスト」を作る

見取り図資料の2つめは、「問い」とそれに対する「答え」のリストを作るという方法です。**キーワードに関連する情報を、「疑問」と「答え」の形になるように、短い文にまとめていくのです。**「答え」は、文献から探します。次ページは、重要なキーワードに関連する情報を、「問い」＋「答え」の形に整理した例です。

このように疑問点や問題点を提示し、その答えをあげていくことで、どのような事柄を論証していくか、その方向性と概要が明確になっていきます。この「問いと答えのリスト」を論理展開にそって並べたものが、Step 6以降で解説する、論文の「アウトライン」になります。

右ページの例は、魚の養殖場の環境悪化問題をとりあげたものですが、着目のしかたによって、解明したいことが違ってきます。

たとえば、環境悪化の「原因」に重点を置けば、「養殖場を汚す原因には何があるか」「赤潮とは何か」「魚のえさの過剰投与で漁場の海底はどのような状態になるのか」「赤潮やえさの過剰投与の被害の現状はどうなっているのか」などの問いが提示できます。

一方、環境悪化の「対策・解決策」に重点を置いた場合は、「国や自治体が進めている対策は何か」「新しい取り組みはされていないか」「外国でこの問題を克服した事例はないか」などの問いを提示することができます。

このように、同じテーマでも、レポートの書き手の問題意識によって、提示される「問い」の内容は変わってくるのです。

問いと答えのリストの例

(例) 魚の養殖場の環境悪化について

問い(Q)

1 現在の状態は？・・・・・・・・・・・・・・・・・・・・・・・・・ 現状
2 その状態になった原因は？・・・・・・・・・・・・・・・・ 原因
3 どのような影響を与えているか？・・・・・・・・・・ 影響
4 国が進めている対策は？ それは十分か？・・・・・ 対策
5 ほかに有効な対策は提案できないか？・・・・・・・ 提案

答え(A)

1 近年、養殖場では慢性的な赤潮の発生や底質層の悪化により、生産量が横ばいになっている
2 養殖場の拡大・過密により、環境が悪化したこと
3 ①本来の目的である魚の生産量が増えない
②底質層の生物群集の崩壊や死滅を招く
4 現在の対策は十分でないが、○○県水産試験場などで有効な対策がいくつか試みられている
5 ○○県の複合養殖ゼロエミッション試験事業を実用化し、コスト化を図って他地域で展開することを提案する

＼ Advice ／

原因の究明・実態の報告・解決策の提案など、どこに重点を置くかで、とりあげる「問い」も変わってきます。上の例は、さまざまな疑問点について考えた後、主なものを整理して並べたものです。最終的には、10～20個くらいの「問いと答えのリスト」を作り、B4～A3判の紙に一覧表としてまとめるとよいでしょう。

「情報カード」にアイディアやデータを書き込む

　見取り図資料の3つめは、「**情報カード**」です。京大カードなどとも呼ばれるB6版のカードを使い、アイディアやデータを書き込んでいくものです。皆さんのなかには、手軽さや効率を重視して、読んだ本や調べた資料などをコピーしてファイリングしたり、Web上の情報をパソコン内に保存する人も多いことでしょう。

　しかし、紙の「情報カード」を使った、アナログ的な情報整理や発想法は、思いのほか便利です。というのも、Step 4で行う仮の目標規定文作りのときも、Step 5で主張の根拠となるデータを集めるときも、そしてStep 6以降のアウトライン作りの際も、このカードが活躍するからです。

　「情報カード」の使い方を説明しますので、次ページを見てください。まず、カード①ですが、**Step2で集めた基本資料の中から、役に立ちそうなものや使えそうなものを、どんどん書き込みます。**書き写すのに手間がかかる図表などのデータは、縮小コピーして切り貼りしてもかまいません。ただし、あとで引用データとして使用することを考えて、出典情報をしっかり書いておくことです。

　次に、カード②は、**ひらめいたアイディア、何らかの発見、今後の行動方針、書きかけの文章など、思いついたことのメモ用として使う例**です。次ページの例のように、作りかけの「目標規定文」（Step 4参照）や、「今週までに○○を考える・探す」など、今後の行動を書いてもかまいません。

　情報カードは、はじめは欲張って、できるだけ多く作ることを心がけましょう。なぜなら、このカードは、机の上に並べて、関連性や説明の順番を考える材料にするからです。カードを使った情報整理および発想法としては、川喜田二郎氏が開発したKJ法が知られていますので、興味のある人は調べてみてください。

情報カードの活用法

1 図表・文章などのデータを書き込む

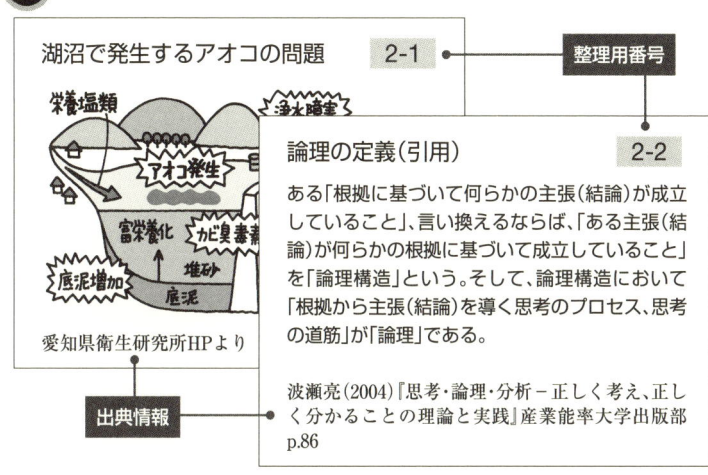

湖沼で発生するアオコの問題　2-1 ← 整理用番号

（図：栄養塩類、浄水障害、アオコ発生、富栄養化、かび臭発生、底泥増加、堆砂、底泥）

愛知県衛生研究所HPより ← 出典情報

論理の定義（引用）　2-2

ある「根拠に基づいて何らかの主張（結論）が成立していること」、言い換えるならば、「ある主張（結論）が何らかの根拠に基づいて成立していること」を「論理構造」という。そして、論理構造において「根拠から主張（結論）を導く思考のプロセス、思考の道筋」が「論理」である。

波瀬亮(2004)『思考・論理・分析−正しく考え、正しく分かることの理論と実践』産業能率大学出版部 p.86

2 ひらめいたアイディア、発見、今後の行動方針などをメモする

2-3

仮の目標規定文　↓今週末までに（Y）を考える

「このレポートでは、（X）夏場の湖沼に発生するアオコの抑制は可能か、について論じる。

（Y）

を考察し、環境改善プログラ
めに、（Z）国は、返光や酸欠
系に及ぼす影響を調査すべ

今後の行動

現象（状況）：近年、養殖場では慢性的な赤潮の発生や底質の悪化により生産量が横ばい

原因：養殖場の拡大・過密による環境悪化

影響：1）本来の目的の生産量が増えず、また、2）底質生物群集の崩壊や死滅を招く。3）青潮による水産業への被害・打撃も深刻

評価：現時点の有望な対策 ← 環境GIS から探す

対策：複合養殖ゼロエミッション試験事業

↑何県の水産試験場の例を引用する？

思いついたことは何でも書く！

第3章　論文を書くための10のステップ

Step4 「目標規定文」を作って、論証方法を考える

Point ▼

- 論文のテーマ・自分の主張を「目標規定文」に表してみる
- テーマ・主張にふさわしい論証方法を考える
- 論証に必要なデータを集める方法を検討する

🖊 自分の主張を文章にした「目標規定文」を作る

「目標規定文」とは、論文のテーマや主張を短い文章に表したものです。具体的にいうと、「私はこの論文で、Aについて論じる。Bを考察し、Cという結論を導く」のような文章になります。

Step 3で作った「見取り図資料」をもとに、論文のテーマや主張したいことをある程度決めて、文章に表してみましょう。この段階での目標規定文は何度でも修正できますので、あまり考え込む必要はありません。

「まだ資料を調べている段階なのに、こんな文章を作る必要があるの？」と疑問に思う人もいるかもしれません。しかし、ここで目標規定文を作っておくことには、次の3つのメリットがあります。

❶選んだテーマが論じる価値のあるものか、現在の自分の能力で取り組めるかどうかを、客観的に判断できる

❷論証に必要な資料やデータはどんなものかがわかる

❸説得力のある主張をするには論文をどのような構成にすればよいか、検討できる

そして、目標規定文を作ると、今後の論文作成について、指導教員に具体的な相談がしやすくなります。指導教員にアドバイスをも

目標規定文の3つの要素

とりあげたいテーマ
（論点・疑問点）

> 私は本稿(この論文・レポート)で、　A　について、論じる。
> 　B　を考察し、　C　という結論を導く(と主張する)。

分析や論証の方法　　　結論・主張

参考資料：大島弥生(他) (2005)

＊A〜Cは、Step 4の時点での仮の内容でOK。調査や分析が進み、アウトラインが確定するまで、修正を加え、改善していく

目標規定文の例

1 アオコ

　このレポートでは、（A）夏場の湖沼に発生するアオコの抑制は可能かについて論じる。（B）アオコの抑制に有効と思われる対策を比較し、（C）水質環境の悪化状況に即した対策を使い分ければアオコ抑制の可能性は高まるという結論を導く。

2 養殖漁場

　本稿では、（A）養魚を中心とした養殖漁場の環境悪化の現状を明らかにし、環境改善のための最新の取り組みを紹介する。（B）○○県水産試験場におけるゼロエミッション事業を事例として分析し、結論として、（C）魚類・藻類などを同時に養殖する複合的養殖場の設置を推進すべきだと主張する。

らいながら、必要な資料の読み込みや、データ探しを進めていきましょう。

前ページに、目標規定文の例を2つあげました。これを見て、「えーっ、こんなのを作るのは無理だよ！」と思った人は、Step 2での基本資料の収集と読み込みが足りないか、Step 3での見取り図資料作りがきちんとできていない可能性があります。目標規定文がうまく書けない場合は、Step2〜3の作業をやり直しましょう。目標規定文の作り方については、第5章であらためて解説します。

説得力のある論証方法を考える

目標規定文を作ったら、次はどのような方法で「論証」するかを考えましょう。**「論証」とは、証拠となるデータをあげながら主張することです**。論文に「信頼できるデータ」の提示が必要なことは、第1章でもふれました。自分の感想や考えを述べるだけで、データが示されていない主張は説得力がないので、評価が低くなります。

人文社会系の分野では、論証に必要なデータを集める代表的な方法として、**観察・実験・調査・検査**の4つがあります。どの方法を選ぶかは、学問分野や課題によって異なりますので、指導教員に確認しましょう。

ただし、論証に必要なデータを集める方法は、この4つだけではありません。これまでにほかの研究者が残してきた「先行研究」は、効果的な情報源です。第2章で説明したブックレポートや学習レポートでは、先行研究からの引用が論述の中心になります。先行研究の重要性については、第5章106ページであらためて説明します。

テーマにそった主張をするために必要なデータは何か、それをどのように提示して論証すればよいか、じっくりと考えましょう。

論証に必要なデータを得る方法

観察 対象を観察して気づいたことを記録する

実験 対象に人為的な操作などを加え、その変化を観察する

調査 アンケートやインタビューなどによって人の内面や意識を探る(公表された各種統計資料を使用することもある)

検査 テストなどによって、対象の持つ能力や適性を調べる

先行研究の検討 すでに行われた研究や、文献として発表された成果(言説・図表・実験結果など)をデータの材料にする

説得力のある主張をするために、必要なデータとそれを集める方法について考えよう

Step5 論証方法に合ったデータを集め、見せ方を考える

Point ▼

- 主張の根拠となるデータを集める
- データの効果的な見せ方を考える
- 見出しや簡潔な説明をつけ、引用元を明記する

🖋 データの見せ方を工夫して説得力を高める

「データ」とは、主張の根拠や材料となる、事実・数値・資料のことです。レポートや論文の中心は文字情報ですが、図表にしたデータを使って説明すれば、わかりやすく、説得力も高まります。

一般に、文字や数字、罫線だけで構成されたものを「表」、グラフやチャートなど、それ以外の不定形なものを「図」と呼びます。

🖋 データに見出しや説明を加える

図表には、見出しと説明が必要です。見出しは、「図2：各国の人口統計（20××）」のように、〈通し番号＋タイトル〉で表現します。グラフ類の場合は、縦軸と横軸が何を表しており、単位は何かを明示します。

データには、①独自に集計を行って表計算ソフトなどで作成するもの、②参考文献や官公庁など調査機関の統計データを転載するもの、の2種類があります。転載の場合は、出典を示す「注」をつけて、著者名・書名（論文名）・発行所・発行年・該当ページを明記します。スペースがない場合は、脚注としてページ下部に書きます。

データ提示のポイント

図表は対応する本文の近くに配置し、「図1は…を表したものである」「表2-1に…を示す」などと、本文中で言及する

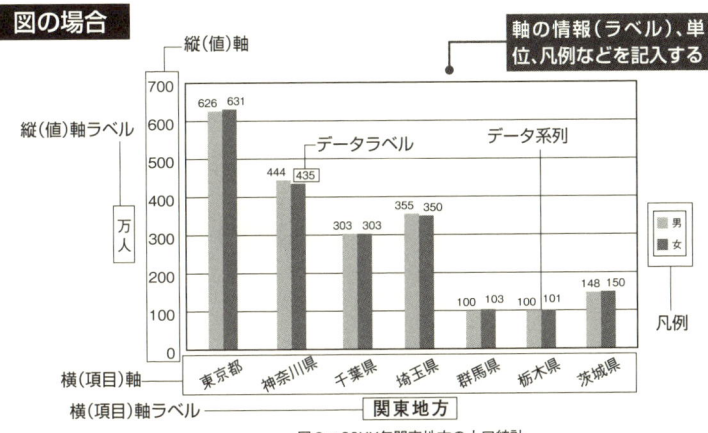

図の場合

軸の情報（ラベル）、単位、凡例などを記入する

- 縦（値）軸
- 縦（値）軸ラベル：万人
- データラベル
- データ系列
- 横（項目）軸
- 横（項目）軸ラベル：関東地方
- 凡例：男／女

東京都 626 / 631
神奈川県 444 / 435
千葉県 303 / 303
埼玉県 355 / 350
群馬県 100 / 103
栃木県 100 / 101
茨城県 148 / 150

図2：20XX年関東地方の人口統計

図番号とタイトルは図の下に入れる

表の場合

表番号とタイトルは表の上に入れる

表3.1　国別の図書出版点数（〇〇学、20XX年）

国　名	図書出版点数	％
日　本	1,530	6.4
アメリカ	5,680	24.0
ドイツ	3,186	13.4
…	…	…
合　計	23,680	100.0

注）出典：『〇〇学統計要覧』p.132 を元に作成

図表を転載した場合は、注をつける。できれば、数値などを元に自分で作成し、「～を元に作成」と記述するのが望ましい

第3章　論文を書くための10のステップ

Step6 「目標規定文」を「項目アウトライン」に発展させる

Point ▼

- 「目標規定文」をもとに、論文の骨組みとなる「項目アウトライン」を作成する
- 序論・本論・結論で、それぞれ何を書くのかを考える

論文の設計図となる「項目アウトライン」を作る

　主張の根拠となるデータがそろってきたら、それをもとに考察を進めましょう。目標規定文で述べた内容をどのように展開するかを考え、論文の構成を決めていきます。

　目標規定文を発展させ、論文の骨組みを箇条書きにしたものを、「項目アウトライン」といいます。論文の設計図のようなものと思えばよいでしょう。Step 6では、この項目アウトラインを作ります。これをさらに発展させると、Step 7で説明する「文アウトライン」、完成させると Step 8 の「完成版アウトライン」になります。

　次のページに、項目アウトラインの例を紹介しました。序論・本論・結論で何をどのように述べるかが、キーワードを中心に整理され、おおまかな章立てが示されています。まだ詳しく調べていない点については、今後論証で必要となるデータや、論の展開についてのアイディアを、メモ書きしてあります。

　「項目アウトライン」はアウトラインの最初の段階ですから、ところどころ未記入の部分があっても、かまいません。具体的な作り方については、第5章で説明します。

項目アウトライン

仮題：養殖漁業が抱える環境問題 ← 論文の仮タイトル

序論

Ⅰ．はじめに
　テーマを選んだ動機…最近、養殖の魚が天然のものより目立ってきたため
　本稿の目標 ← この段階での仮の目標
- 養殖場では環境変化のため、養殖魚の生産量が伸びなくなっている。
- なぜそのような状況になっているのか ← 問い（とりあげたいテーマ）
- 本稿では養殖漁業の環境の現状を明らかにし、
　その問題を解決すべきだと主張する ← 論証の方法
　　　　　　　　　　　　　　　　　← 主張

（レポート構成と内容の予告）

本論

Ⅱ．養殖漁場の環境の現状
　漁場の自家汚染
- 2種類の自家汚染　①魚類養殖　②貝類養殖 ← データの配置予定
- 窒素・リンは、富栄養化の指標として用いられる
　　　　　　　　　　　　　　　　　→ 情報カード② から引用
　→海中に大量の窒素やリン→富栄養化→植物プランクトンの異常増殖・赤潮
- 底質の悪化は、溶存酸素量を低下させ、底生生物群集の崩壊・死滅をもたらす
- 青潮とは○○である。→ 情報カード③ から引用
　　　　　　　　　　　← データの配置予定

Ⅲ．従来の養殖方法に代わる対策案
- 従来の養殖方法のダメな点 ← これから調べること
- 新しい取り組みや、事例の紹介（対策案）

結論

Ⅳ．終わりに
- 養殖漁業の環境を改善し、その問題を解決すべきだと、Ⅱ～Ⅲをまとめて主張を結論づける。
　← 論の展開についてのアイディア

参考文献

序論・本論・結論の展開を考える

項目アウトラインを作る前に、まず、序論・本論・結論それぞれで、何を書くかを理解しておきましょう。前ページの項目アウトライン例でいうと、Ⅰが序論、Ⅱ・Ⅲが本論、Ⅳが結論になります。

右ページに、序論・本論・結論のそれぞれにおいて、どのような項目を論じる必要があるか、まとめてみました。ただし、論文作成技術のレベルや学問的な知識の程度、また学問分野によって内容が異なる部分が多いので、指導教員の指示にしたがってください。

序論は、本論において「何に、なぜ、どのように取り組むのか」を予告する部分です。本論では、序論を受けて、まず、研究方法の概要を明らかにし、データを含めた分析内容を説明します。そして、自分の主張を説得的に導きます。本論の展開のしかたは、学問分野や課題の性質、さらには方法論によって異なります。**結論は、その研究に取り組んだ結果得たことを主張する**部分です。

本論については、Step 3で整理した見取り図資料（思考マップ、情報カード、問いと答えのリストなど）や、Step 4で作成した目標規定文をもとに、ストーリー化するのが基本です。それらの材料の中から論証に必要なものを選び、Step 5で集めたデータとともに配置して、説明を加えたものが本論になるのです。

序論・本論・結論の展開のしかたについては、よく使われる論証パターンが、いくつかあります。基本となる論証パターン例を、第5章の112～115ページで、いくつか紹介しています。それらの中から、課題の論証にふさわしいのはどれか、説得力をもたせられるのはどれか、考えてみましょう。論文を書くことに慣れないうちは、パターンをまねることから始めるのをおすすめします。慣れてきたら自分なりのアレンジを加え、課題に応じてオリジナルの論証ができるように、努力してください。

序論・本論・結論の基本要素

1 序論 …何に・なぜ・どのように取り組むのかを予告する

- テーマ（論点・疑問点）の提示と背景の説明
- そのテーマに取り組む意義や必要性
- 分析方法や論証方法
- その他（議論の範囲の限定、用語の定義、本論の予告）

2 本論 …研究方法の概要を明らかにして、分析内容をデータをまじえて説明し、自分の主張を説得的に導く

研究方法の概要
- 研究対象
- 調査（実験）の概略・方法・時期
- データの処理方法

↓

分析内容

〈例〉
- 調査を行い、結果と解釈を示す
- 理論とデータを説明し、解釈を示す
- 実験を行い、結果と解釈を示す
- その他（分類、比較対照、事例研究、時系列による説明）

↓

考 察

＊専門分野や課題によって、本論の展開は異なる

3 結論 …取り組みの結果得たことを主張する

- 本論の振り返り
  「以上、本稿（このレポート）では、○○について検討を試みた」
- わかったこと・新しく発見したことの提示
- 序論における論点・疑問点に対する最終的な答え
- 今回の研究でふれなかったこと、今後の課題

Step7 「項目アウトライン」を「文アウトライン」に発展させる

Point ▼
- アウトラインを箇条書きから短い文に進化させる
- 「文アウトライン」と目標規定文を常に対応させる

「文アウトライン」で各章の骨組みを具体的にする

　項目アウトラインができたら、次の目標は、「文アウトライン」を作ることです。**文アウトラインとは、箇条書きだった項目アウトラインを1～2行の短い文にふくらませ、章立てやデータ類の配置をより具体的にしたアウトラインです。**本論を何章で構成するかを考え、各章で何を述べるかを簡潔に表し、データが不足している部分や、つながりがあやふやな部分を明確にします。アウトラインを十分に深めると、このあとの論文作成がスムーズに進みます。

　Step 6 の項目アウトライン（73ページ参照）と、78～79ページの文アウトラインを比べてください。まず、2章の「養殖漁業の環境の現状」が、1～4の4つに細分化されていますね。そして、箇条書きを文章化した部分が、全体的に増えていることもわかります。

「文アウトライン」を修正したら目標規定文も修正する

　このステップで気をつけたいのは、目標規定文と文アウトラインの関係です。目標規定文を発展させたのが項目アウトラインでしたから、それをさらに発展させた文アウトラインも、目標規定文と対応していなければなりません。本論は、「目標規定文の3つの要素」のうち、「分析や論証の方法」から「結論・主張」までをより具体

的に説明したものです。つまり、目標規定文中に登場するキーワードは、文アウトラインの本論でも同じ順番で登場することが望ましいといえるでしょう。

アウトラインを完成させる過程で、項目の順番を変えたり、数を増やしたりした場合は、それに合わせて目標規定文も修正します。**目標規定文とアウトラインが、常に対応した状態になっているよう**にしましょう。

目標規定文とアウトラインの関係

目標規定文

> 本稿では、養魚を中心とした養殖漁場の環境悪化の現状を明らかにし、環境改善のための最新の取り組みを紹介する。○○県水産試験場におけるゼロエミッション事業を事例として分析し、結論として、魚類・藻類などを同時に養殖する複合的養殖場の設置を推進すべきだ、と主張する。

（キーワード1：養魚を中心とした養殖漁場、キーワード2：環境悪化、キーワード3：最新、キーワード4：複合的養殖場）

＊キーワードの数は必ずしも4個ではない

文アウトライン

① 目標規定文と同じ順番で、本論にキーワードを登場させる

本論　2章…キーワード1の説明　　3章…キーワード3の説明
　　　　　　キーワード2の説明　　　　　　キーワード4の説明

＊1つの章にいくつのキーワードを配置するかは、場合によって異なる

② 文アウトラインのキーワードの順番が変わったら、それに合わせて目標規定文も修正する

文アウトライン

仮題：養殖の自家汚染と環境負荷について

> 項目アウトラインの仮題よりも具体的になっている

Ⅰ．はじめに

　テーマを選んだ動機…最近、養殖の魚が天然ものより目立ってきた
- 水産物の中で養殖漁業が占める割合（要調査）
- 養殖場では環境の悪化が起こり、養殖魚の生産量が伸びない

本稿の目標
- なぜ養殖場では環境の悪化が起こり、養殖魚の生産量が伸びないというような状況になったのか
- 本稿では、養殖漁業の環境の現状を明らかにし、その問題を解決すべきだと主張する

> 問い（とりあげたいテーマ）の内容がより具体的になっている

（レポート構成と内容の予告）

Ⅱ．養殖漁場の環境の現状

1．漁場の自家汚染

> 2章が4つの節に細かく分けられている

　①魚類養殖
- 「自家汚染」という現象を説明する
- 養殖場での給餌の必要性
　魚の総重量の倍も必要、しかし、20～30％は海中放出、汚染の原因

> 調査が進み、説明が具体的になっている

　②貝類養殖
- 貝類の養殖は養殖量が適度であれば海水浄化の役割を果たす
　しかし、養殖量が過密状態だと、大量の排泄物が排出される
　→底質の汚染へ

*この章では、まず文アウトラインのイメージをつかんでください。
作成時の留意点については、第6章で詳しく説明します。

- 2. 汚染の指標
  - 窒素・リンは、富栄養化の指標として用いられる
    → 情報カード② から引用
  - →海中に大量の窒素やリン→富栄養化→植物プランクトンの異常増殖・赤潮など(図1をここに入れる)
    データの配置予定を示す

- 3. 底質の汚染
  - 底質の悪化は、溶存酸素量を低下させ、底生生物群集の崩壊・死滅をもたらす

- 4. 青潮
  - 青潮とは○○である → 情報カード③ から引用

Ⅲ. 従来の養殖方法に代わる対策案
  - 従来の養殖方法の問題点を調べ、事例とともに説明する
  - 新しい取り組み、今後期待される対策や方向性を説明する
    対策については、まだ検討が進んでいない

Ⅳ. 終わりに
  - 環境に配慮した養殖方法を研究して、養殖漁業の環境問題を解決すべきだと主張する

参考文献

日本水産学会編『水産学シリーズ』恒星社厚生閣

Step8 「文アウトライン」を「完成版アウトライン」にする

Point ▼

- 章の構成や見出しを確定する
- 目標規定文を完成させる
- 必要なデータや配置を最終決定する
- 論文の表題(タイトル)を正式決定する
- 引用・参考文献の配置も決定する

「完成版アウトライン」で各章の内容を決定する

Step 8 では、「**文アウトライン**」にさらに修正を加えて、「**完成版アウトライン**」に仕上げます。また、「**目標規定文**」も、この段階までに完全に決定することになります。

文アウトラインの段階までは、どのようなデータが論証に必要か、資料の読み込みを続けながら、検討を重ねてきました。アウトラインの完成とともに、データの取捨選択や配置についての検討を終わらせ、本論の展開を決定します。Step 7 で仮に決めておいた論文の表題(タイトル)も、ここで正式決定します。さらに、本文に盛り込む引用・参考文献についても、出典と内容を整理しておきます。

疑問点を十分に解決させてから、論文の執筆に取りかかりましょう。完成版アウトラインの例を、これまでに紹介した2つのアウトラインとよく見比べてください。大まかな章立てと大見出ししか決まっていなかった項目アウトラインに対して、完成版アウトラインは、「これに基づいて文章を書けば論文ができあがる」と確信がもてる、最終段階の設計図になっていることがわかります。

完成版アウトライン①

表題：養殖の自家汚染と環境負荷をいかに軽減するか

Ⅰ．はじめに

テーマを選んだ動機 [正式決定した論文のタイトル]

- 水産物の中で養殖漁業は漁業生産量全体の2割以上(マダイ類は8割、ブリ類は7割が養殖)
- 近年、問題が起きている：養殖場の拡大、過密養殖など→養殖場の環境悪化→慢性的な赤潮の発生や底質悪化→生産量は横ばい状態

[論証の方法や順序も決まった最終版の目標規定文]

本稿の目標

- 技術が進み、それに伴って生産が伸びるはずであるものが、なぜ期待に沿わない状況に陥ってしまっているのか。
- 本稿では、養殖漁場の環境の現状を明らかにし、魚類・海藻などを同時に養殖する複合的養殖場の設置を推進すべきだと主張する。

レポート構成と内容

　以下、Ⅱでは養殖漁場の環境汚染の現状を明らかにする。Ⅲではゼロエミッション事業について、Ⅳでは今後の動向について説明する。Ⅴでは環境改善への努力の必要性を結論として述べる。

[論理展開の予告(5ページ以上の論文の場合)]

Ⅱ．養殖漁場の環境の現状
1．漁場の自家汚染
　①魚類養殖
- 「自家汚染」とは、……という現象である。(定義を説明)
- 養殖場での給餌の必要性
　魚の総重量の倍も必要だが、20〜30％は海中放出され、汚染を引き起こす。

　②貝類養殖
- 貝類の養殖は、養殖量が適度であれば海水浄化の役割を果たす。しかし、養殖量が過密状態だと、大量の排泄物が排出される。

→ 底質の汚染へ

完成版アウトライン②

2. 汚染の指標
- 窒素・リンは、富栄養化の指標として用いられる→ 環境GIS から引用
  → 海中に大量の窒素やリン→富栄養化→植物プランクトンの異常増殖・赤潮など　　〔データ類の配置が決定〕
  → ここに図1「海面養殖における環境負荷(全国版)」を入れる。
    説明：魚類養殖場と貝類養殖場の窒素量・リン量をグラフで表したもの
    貝類が窒素量・リン量ともに負の値を示しているが、魚類では貝類に比べて両方の物質が大量に海中に存在し、汚染が進んでいる。

3. 底質の汚染
- 底質の悪化は、溶存酸素量を低下させ、底生生物群集の崩壊・死滅をもたらす。
  → このメカニズムをここで説明：排出有機物→沈降→分解しきれなかったものは海底へ堆積→分解に大量の酸素が必要→底層の溶存酸素量は減少→酸欠状態　　→ 水産 p.125から引用
  → 溶存酸素量が海水1ℓあたり1mℓまで減少すると、ほとんどすべての種は生存できない。　　→ 水産 p.45-46から引用
  〔データ類の配置が決定〕

4. 青潮
- 青潮とは……である。(定義を説明)→ 情報カード③

Ⅲ. ゼロエミッション事業
〔文アウトラインの3章が、3章と4章の2つに分割された〕
- 従来の養殖方法の欠点
  → 残餌や養殖されている生物の代謝生成物はそのまま排出され、有機物の分解は海中の浄化作用に任されていた。
- 和歌山県水産試験場増殖研究所　→ 情報カード② の説明
- → ここに図2「ゼロエミッション事業による複合養殖」を入れる。

1. 養殖方法
〔データ類の配置が決定〕
図2は新しい養殖方法……を模式化したものである。
　　　　　　　　　　　　　　→ 水産 p.127から引用

82

*この章では、まず完成版アウトラインのイメージをつかんでください。
作成時の留意点については、第6章で詳しく説明します。

2. 現時点での施行状況
- ゼロエミッションについての和歌山、大分、熊本の取り組みを説明する。
  → まだ試験段階だが、今後の取り組みに期待が持てる、という方向で書く。
  ① 貝類やナマコ類を網の中で養殖すると、波の影響をまともに受ける。
  ② 夏期に、水温の上昇でナマコの活動が鈍くなり、排出する有機物を食べなくなる。
  → 波の影響を受けにくい網の利用や、高水温に耐えられる南方系のナマコの利用

3. 今後の取り組み
- アワビの例：出荷可能なサイズまであと半年という大きさに成長したという報告があった。
- 藻類はアオサ・ワカメとの組み合わせで最もよい結果が得られた。
  → 条件の限定：和歌山県だけの実験結果であり、環境条件の異なる場所での実験が必要。

Ⅳ. 環境改善へ向けての動き
1. 持続的養殖生産確保法 → 法令データ提供システム から引用
- 法律制定の経緯と目的をここに書く。〈〜を目的とする法律である〉
- 法律の制定により、どんな効果があったかを説明。

結論を5章にした

Ⅴ. 終わりに
- 環境に配慮した養殖方法として、魚類・海藻などを同時に養殖する複合的養殖場の設置を推進すべきだと主張する。

参考文献
日本水産学会編『水産学シリーズ』恒星社厚生閣
環境GIS　http://www-gis.nies.go.jp/
法令データ提供システム　http://law.e-gov.go.jp/

Step9 「完成版アウトライン」を文章にする

Point ▼

- 「本論→結論→序論」の順に文章にする
- 「パラグラフ形式」でわかりやすい文章にする

まず「本論」から書き始めよう

アウトラインが完成して、本論のデータと主張の配置も決まり、もう大幅な変更はないと確信できたら、文章にしていきましょう。

おすすめしたいのは、**本論の章・節から文章化する方法**です。アウトラインのなかの箇条書きの文やデータを中心に、文章にしていきます。本論がある程度文章としてまとまったら、結論を仕上げ、序論に戻ります。序論には本論と結論の予告機能があるため、本論の展開と結論をしっかり固めてから序論に戻ったほうが、一貫性のある論述にしやすくなります。最後に、参考文献一覧の書式を決定します。ただし、人によって書きやすい執筆の手順は違いますので、この本を参考に自分に合った方法を見つけましょう。

「パラグラフ形式」でわかりやすい文章に

わかりやすく説得力のある文章にするには、「パラグラフ形式」にするとよいでしょう。パラグラフとは、ある1つの話題とその説明を200字〜400字程度にまとめた、1区切りの文章です。一般に、パラグラフの頭のほうには、話題を表す「**中心文**」を置きます。全体を「起」「展」「結」に分け、中心文は「起」の中に、詳しい説明を「展」に書きます。「結」は、全体をまとめる結び文です。

「パラグラフ形式」の基本

頭1字分下げる

「中心文」を置く	起
「中心文」を詳しく説明する ● 具体例、根拠、補足など	展
「結び文」でまとめる（文脈により省略可） ● 中心文の言い換え、総括、意見 ● 次のパラグラフへのつなぎのことば	結

〈例〉

中心文…「自家汚染」とは、（○○という）現象である。

　まず、「自家汚染」の現象をとりあげたい。「自家汚染」とは、養殖魚介類が出す排泄物や残餌（ざんじ）によって水質や底質が悪化し、結果的に漁場の生産性を低下させる現象である。とくに、養殖場の魚類の養殖では給餌（きゅうじ）（＝餌（えさ）やり）が必要であり、魚の総重量の倍ほど餌を与えなければならない。しかし、そのうち20％〜30％は、残餌、魚の排泄物、代謝生産物などの形で海中に放出されてしまい、汚染を引き起こしている。自家汚染は、養殖漁場における主要な問題といえよう。

結び文

Step10 最終チェックをして、完成原稿に仕上げる

Point ▼

- 完成版アウトラインと、論文の実際の内容展開が同じか、チェックする
- データの引用や参考文献一覧の表記が、ルールどおり行われているかチェックする
- 文章表現や表記をチェックする

提出前の最終確認を忘れずに！

　論文を書き上げたら、全体を通して内容に矛盾がないかチェックし、表記やレイアウトを最終確認します。具体的にいうと、論文が目標規定文を含むアウトラインどおりにできあがっているか、必要なデータがわかりやすく提示されているか、参考文献一覧がルールにしたがって表記されているか、などのチェックです。

　また、日本語表現や、漢字・記号・カナ・欧文などの表記に関するチェックも行います。ただし、論文にふさわしい文章表現などは、ふだんからの積み重ねによって身につけるものです。基本資料、参考文献、新聞などを読む際には、内容を理解するだけでなく、文章表現についても注意をはらうようにしましょう。

　完成した論文のチェックポイントについて、詳しいことは第6章を、表記上のルールについては第7章を参照してください。また、論文を作成するときには、つねに国語辞典や類語辞典などの資料を手元に置いて、迷ったときにはすぐ調べることを習慣にしましょう。

　完成した論文の例は、第6章の146ページをご覧ください。

10のステップはこのように進める！

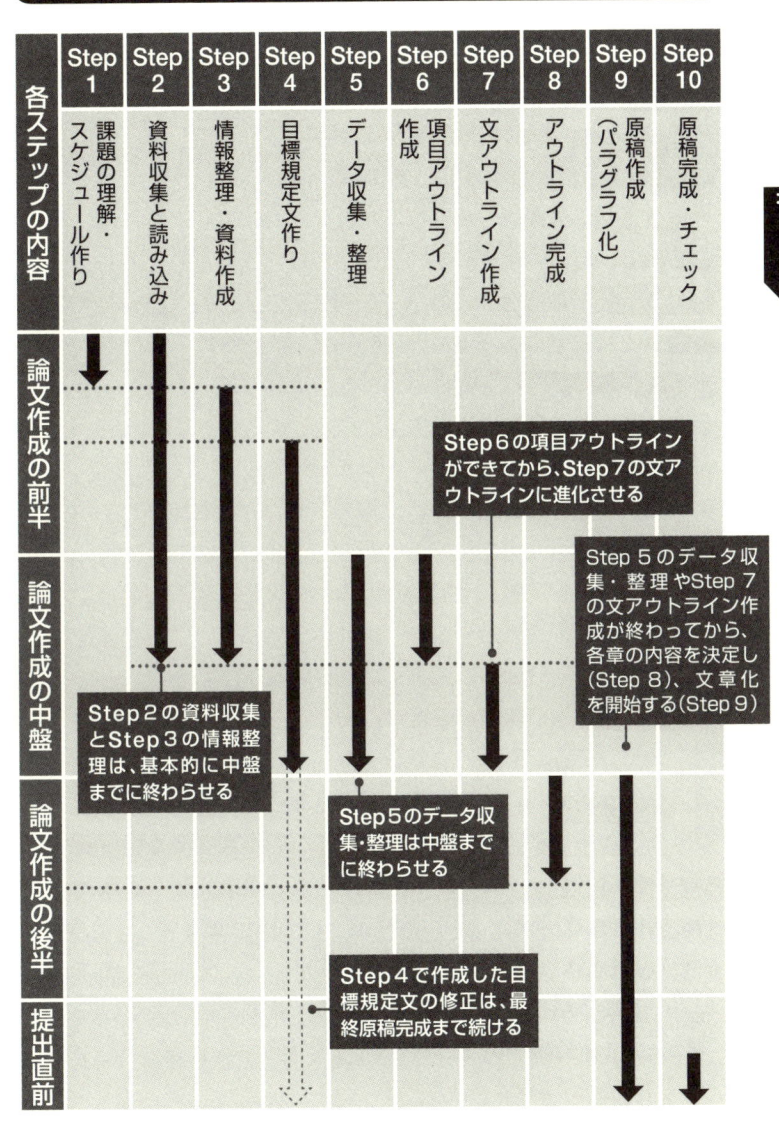

各ステップの内容	Step 1 課題の理解・スケジュール作り	Step 2 資料収集と読み込み	Step 3 情報整理・資料作成	Step 4 目標規定文作り	Step 5 データ収集・整理	Step 6 項目アウトライン作成	Step 7 文アウトライン作成	Step 8 アウトライン完成	Step 9 原稿作成（パラグラフ化）	Step 10 原稿完成・チェック
論文作成の前半	↓									
論文作成の中盤		↓	↓	↓						
論文作成の後半				↓	↓	↓	↓			
提出直前				(↓)				↓	↓	↓

- Step 6の項目アウトラインができてから、Step 7の文アウトラインに進化させる
- Step 5のデータ収集・整理やStep 7の文アウトライン作成が終わってから、各章の内容を決定し（Step 8）、文章化を開始する（Step 9）
- Step 2の資料収集とStep 3の情報整理は、基本的に中盤までに終わらせる
- Step 5のデータ収集・整理は中盤までに終わらせる
- Step 4で作成した目標規定文の修正は、最終原稿完成まで続ける

第3章 論文を書くための10のステップ

Column

レポート作成がうまく進まないときは

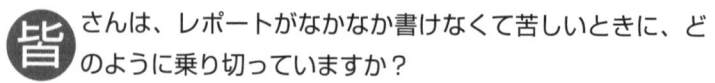

皆さんは、レポートがなかなか書けなくて苦しいときに、どのように乗り切っていますか？

　レポートの作成は、山登りにたとえられます。ときには、作業の途中で、自分が何をしているのかわからなくなることもあるでしょう。そんな場合は、ぜひこの第3章の「10のステップ」を振り返ってください。そして、自分はいまどのステップで立ち止まっているのか、なぜ進めないのか、冷静に確認しましょう。そうすれば、次に何をするべきか、見えてくるかもしれません。

　忘れないでほしいのは、このステップはあくまで方法の1つにすぎない、ということです。山登りでも、頂上は1つですが、そこまでたどり着く登山ルートは必ずしも1つではありません。初心者向けのコースも、上級者向けのコースもあるでしょう。人によって、執筆の進め方やスタイルは違っていていいのです。できるだけ早く、自分なりのスタイルを確立しましょう。

　また、同じような作業を続けないこともポイントです。たとえば、ステップ6の項目アウトライン作りから、ステップ8の完成版アウトラインまでの作業を一気に行おうとすると、壁にぶつかる可能性があります。アウトライン作りの作業をある程度続けたら、今度はステップ5のデータ収集や整理の作業をするなど、作業に変化をつけると、思考力や判断力を持続できます。

　それでも苦しくて、どうしても進まない？　そんなときは一度レポートから離れ、スポーツをしたり、睡眠をとったりして、リフレッシュするのがいちばんです。

第4章

課題が出てから1〜2週間にすべきこと

最初に行うのは、ステップ1〜ステップ3の作業です。基本資料を読み込みながら、テーマ設定をどうするか考え、見取り図資料を作ります。基本資料の探し方や、2とおりの視点を使い分ける読み方、「思考マップ」の作り方を、しっかりと身につけましょう。

1　評価される「テーマ」を設定するには

2　基本資料は2とおりの読み方をする

3　「思考マップ」はこのような手順で作成する

1 評価される「テーマ」を設定するには

▶ Step1 (52ページ参照)

🖋 「テーマ」とは「意義のある問い」を提示したもの

レポート・論文の課題が出され、「出題意図」や「課題の趣旨」が理解できたら、それに合った「テーマ」を設定しなければなりません。**取り組むべきテーマは、教員から具体的に指定される場合と、トピック（話題）だけが示され、それに関連するテーマを自分で選ぶ場合があります。**論文を書き始める前に、「評価されるテーマとはどのようなものか」について、理解しておきましょう。

ここでは、自分でテーマを設定する論証型の課題で考えます。たとえば、「地球温暖化について論じなさい」と指示されたとします。このような場合に、そのまま「地球温暖化とは何か」というテーマにしてはいけません。地球温暖化に関連する項目は、数多くあります。それらの中から、「ヒートアイランド現象」などのキーワードを1つ選び、「ヒートアイランド現象発生のメカニズムは何か」「ヒートアイランド現象の有効な解決策はあるのか」「ヒートアイランド現象とゲリラ豪雨は関係があるのか」のように、**「意義のある問い（疑問）」として提示したものが、レポート・論文の「テーマ」なのです。**

このように、テーマはよく疑問形で表されます。各学問分野でのテーマの例を、次ページにあげました。

🧽 こんなテーマは評価が低くなる！

それでは、指導教員に認めてもらえるテーマとはどのようなものか、考えてみましょう。たとえば、「自然保護について、自由に論じなさい」という課題が出されたとします。そこで、「ウミガメを

トピック・キーワード・テーマの関係

トピック
地球温暖化

⬇

キーワード
ヒートアイランド現象、ゲリラ豪雨、温室効果ガス

⬇

テーマ
キーワードを「意義のある質問」として提示したもの

- ヒートアイランド現象発生のメカニズムは何か
- ヒートアイランド現象の有効な解決策はあるのか

レポート・論文のテーマ例

法学	日本に裁判員制度は定着するか
社会学	ITの普及は消費行動をどう変えたか
心理学	好感度の形成要因は何か
医学	脳死は人の死か
教育学	小学生への早期英語教育は必要か

守るべきか」というテーマを設定し、「守るべきだ」と主張したら、どう評価されると思いますか？

結論からいうと、この論文の評価はとても低くなるでしょう。なぜなら、「ウミガメを守るべきだ」という主張は、小・中学生でも思いつくレベルのもので、反論の余地が少ない議論だからです。このように、だれもが考えそうで、その主張に反対することが難しい内容をテーマに選ぶと、能力や知性を疑われてしまいます。**大学生にふさわしいテーマとは、「範囲が広すぎず、狭すぎず、ほどよく具体的で、議論する価値がある論証可能なテーマ」**なのです。

問題意識を高めることから始めよう

それでは、指導教員に高く評価される、大学生にふさわしいテーマを設定するにはどうすればよいか、考えてみましょう。

論文のテーマを考えるには、まず「問題意識を持つ」ことです。「問題」とは、学問分野における「論じる価値のある話題」です。たとえば法学部なら、「裁判員制度」が最近のキーワードでしょう。経済学部なら「サブプライム・ローン問題」、生命倫理に関する分野の専攻なら「脳死と臓器移植」が考えられます。メディアに登場する時事的なキーワードは、「論じる価値のある話題」の候補です。

これらのキーワードについて、この項の最初で述べたように、「○○とは何か」「○○発生のメカニズムは何か」「○○に関して解決すべき問題は何か」「○○に関して議論が分かれている点はどこか」「○○と□□に関係はあるのか」「○○の有効な解決策はあるのか」などと疑問を持つことが、「問題意識を持つ」ということなのです。

問題意識を持つには、**「授業をきちんと聞くこと」「新聞・雑誌を読むこと」「本やインターネットでキーワードを集めること」「キーワードについて教員やクラスメートと意見交換をすること」**が基本です。常にアンテナを張り、感度を高めておきましょう。

レポート・論文のテーマとして不適切なもder ✗

テーマの例	不適切な理由
死後の世界は存在するか	確認や実証が不可能
ジャワ原人は何を食べていたか	必要な資料の入手が困難
地球環境問題をどう考えるか	テーマの範囲が広すぎる
人間とは何か	テーマが抽象的すぎる
ウミガメを守るべきか	反論の余地が少ない
アメリカの魚料理はおいしいか	客観的な判断基準がない
遺伝子組み換え大豆は安全か	専門的知識が必要で、一般教養のテーマとしては難解すぎる

参考資料：大島(他)(2005)、吉田(2004)

＊これ以外にも、民主主義の否定や人命の軽視、戦争の肯定につながるようなテーマは、大学生にふさわしくないと評価される

トピックの中から具体的なキーワードを選び、問題意識を高めることがテーマ設定のポイント

第4章 課題が出てから1〜2週間にすべきこと

2 基本資料は2とおりの読み方をする

▶ Step2（56ページ参照）

検索ツールを活用して基本資料を集める

　Step2では、テーマ設定のために必要な、情報や基本資料を集める作業をしなければなりません。その作業に役立つツールと活用のしかたについて、具体的に説明しましょう。

❶パスファインダー

　第3章でも紹介した、キーワードから検索できる資料で、多くの大学の図書館に備えられています。パスファインダーの一部はウェブ上で公開されていますし、私立大学図書館協会では、全国の大学図書館が作成した、パスファインダーのリンク集を公開しています。

　右ページにパスファインダーの例を紹介しておきます。使い方がよくわからないときは、図書館の司書に聞きましょう。

❷OPAC（Online Public Access Catalog）

　その大学が保有している資料の書誌情報と配置場所が検索できる、図書館の蔵書検索システムです。パスファインダーとともに、積極的に活用してください。

❸新書マップ

　テーマに関する基礎知識を得るための基本資料として、岩波新書・講談社現代新書などの「新書」は欠かせません。NPO法人「連想出版」が運営する「Web新書マップ」は、目的の新書を探すのに大変役に立ちます。

　このサイトに、興味のある分野のキーワードを入力すると、その関連語句が表示され、それらをクリックすると、膨大な数の新書の中から、目的の本を探し出すことができます。

大学図書館のパスファインダー

(東京海洋大学附属図書館HPより)

図書館利用ガイダンス「表現法フォローページ」で、資料の探し方について説明したものです。

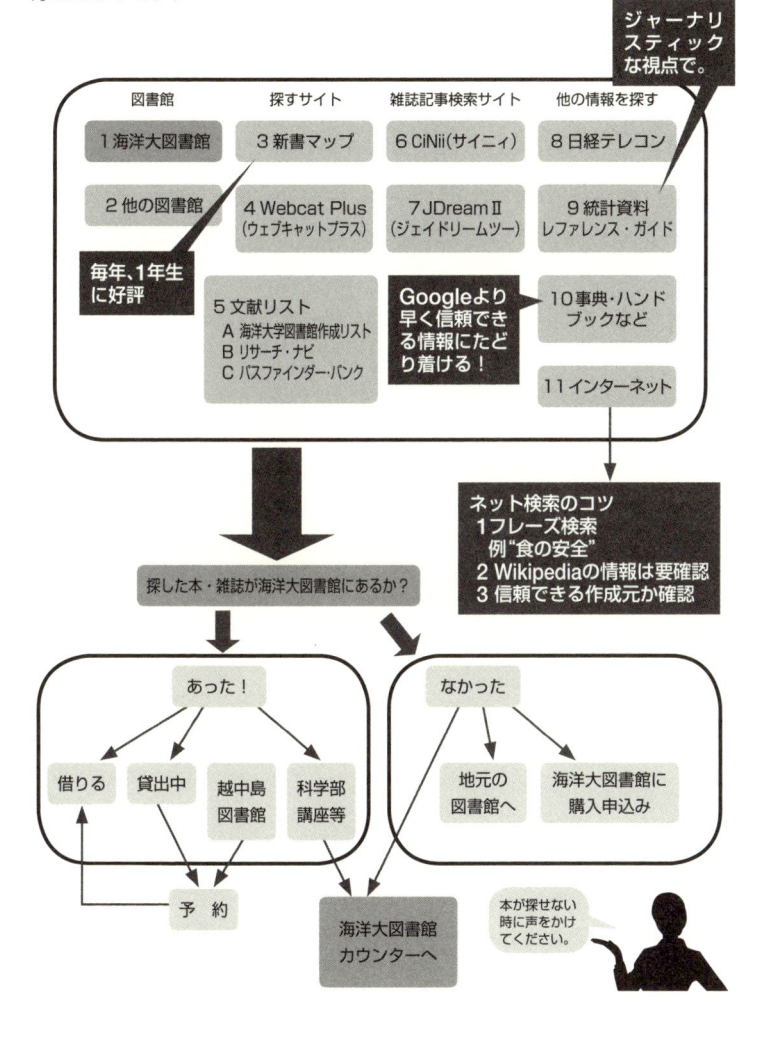

```
              図書館            探すサイト         雑誌記事検索サイト      他の情報を探す
                                                                        ジャーナリ
                                                                        スティック
                                                                        な視点で。

           1 海洋大図書館      3 新書マップ       6 CiNii(サイニィ)      8 日経テレコン

           2 他の図書館        4 Webcat Plus     7 JDreamⅡ             9 統計資料
                              (ウェブキャットプラス) (ジェイドリームツー)   レファレンス・ガイド

           毎年、1年生                          Googleより
           に好評              5 文献リスト       早く信頼でき            10 事典・ハンド
                               A 海洋大図書館作成リスト る情報にたど          ブックなど
                               B リサーチ・ナビ    り着ける!
                               C パスファインダー・バンク                    11 インターネット
```

ネット検索のコツ
1 フレーズ検索
　例"食の安全"
2 Wikipediaの情報は要確認
3 信頼できる作成元か確認

```
探した本・雑誌が海洋大図書館にあるか?

   ┌─ あった! ─┐                    ┌─ なかった ─┐
   │            │                    │            │
 借りる 貸出中 越中島 科学部        地元の      海洋大図書館に
              図書館 講座等        図書館へ    購入申込み
         │    │    │
         └──予 約──┘
                   │
              海洋大図書館
              カウンターへ
```

本が探せない時に声をかけてください。

2つの視点を使い分けて基本資料を読む

　基本資料を集めたら、そこから得た情報と情報を組み合わせたり、分析したりして問題意識を高め、テーマを考えていきます。そのためには、関連するキーワードについてより多くの情報を集めて整理し、理解を深める作業が必要です。

　基本資料を読むには、2つの視点が必要です。1つ目は、**基本資料全体をざっと眺め渡しながら、どのあたりに「論じる価値のある話題」があるかを探る視点**です。テーマ候補を探す読み方といってもよいでしょう。鳥が高い空から下界を広く見下ろすイメージです。とりあげられている現象の定義や問題点の概要（背景・原因・社会的影響）、今までにされてきた議論などについて、「だいたいの論旨をつかむ」ことを念頭に読みます。

　2つ目は、**眺め渡して得た情報のなかから、論文にとりあげたい話題を探し当て、焦点を当てる視点**です。今度は、虫になったつもりでその話題に近づき、細かい点までじっくりと眺めてみるのです。顕微鏡で細部まで観察するイメージといってもよいでしょう。論旨を忠実に追いかけるだけではなく、「論文のネタを探すぞ」という意識を持って読むことがポイントです。

　「〇〇について1つ問題点をあげて論ぜよ」のように、範囲の広い課題が与えられた場合は、どこに焦点をあてて、どこまで深く掘り下げるのか、自分で考えなければなりません。2つの視点を上手に使い分けて基本資料を読み込み、テーマを設定しましょう。

　ただし、この段階で読む基本資料は、あくまでも先行研究の概要を知るためのものであり、基礎知識を増やす手段だということを、忘れないでください。どんな先行研究をデータとしてとりあげ、引用するかは、さらに作業を積み重ねてから考えることになります。

基本資料の2とおりの読み方

全体を眺め渡す読み方

- 高い空から下界を見下ろすイメージで読む
- だいたいの論旨をつかみ、テーマ候補を探す

⬇

① 議論すべき項目はいくつあるか？

② その問題(ことがら・現象)の定義は？

③ その問題の背景・原因・社会的影響は？

④ その問題について、これまで行われた議論は？

焦点をしぼる読み方

- 話題に近づき、顕微鏡で細部まで観察するように読む
- 論旨を追うだけでなく、「論文のネタを探す」という意識を持つ

⬇

① 議論されていない点、議論が不十分な点はないか

② データが不十分な点はないか

③ 反論すべき点はないか

④ 補足すべき点や改善すべき点はないか

⑤ 何か新しい提案はできないか

3 「思考マップ」はこのような手順で作成する

▶ Step3（60ページ参照）

🖋 自分のアイディアを思いつくままに書いてみる

　第3章Step 3で、「見取り図資料」の1つとして、「思考マップ」を紹介しました。これは、**キーワードを中心に、自分が関心をもっていることや疑問に思っていること、思いついたことを、連想ゲームのようにどんどん書き、ことば同士を線でつないでいくもの**です。

　この段階では、とにかく発想をふくらませることが大切なので、できるだけ多くのことばや思いつきを書き出します。また、ことばやアイディア間の関係によって、線の種類を使い分けるとよいでしょう。ものごとの関係性には、「**関連事項**」「**反論**」「**主張と例**」「**上位・下位**」「**原因・結果**」などがあります。実線（―）、点線（…）、矢印（→）など、自分なりのルールで使い分けてください。

　「思考マップ」は、最初からきちんと整理されていなくても、大丈夫です。自分の発想を自由に書き込みながら、少しずつ修正を加えていきましょう。実際の作業の進め方は、次のとおりです。

---

① 紙の中心にキーワードを書いて、丸で囲む
② そのキーワードから連想したことばをまわりに書き、線でつなぐ
③ ①や②から連想したことばをさらに書き込み、線でつなぐ
④ 紙がことばでいっぱいになったら、不要なものを削除する
⑤ 「テーマ候補」になりそうな新しいことばが浮かんだら、別の紙の中心に書く
⑥ ①〜⑤の作業をくり返す

思考マップの例

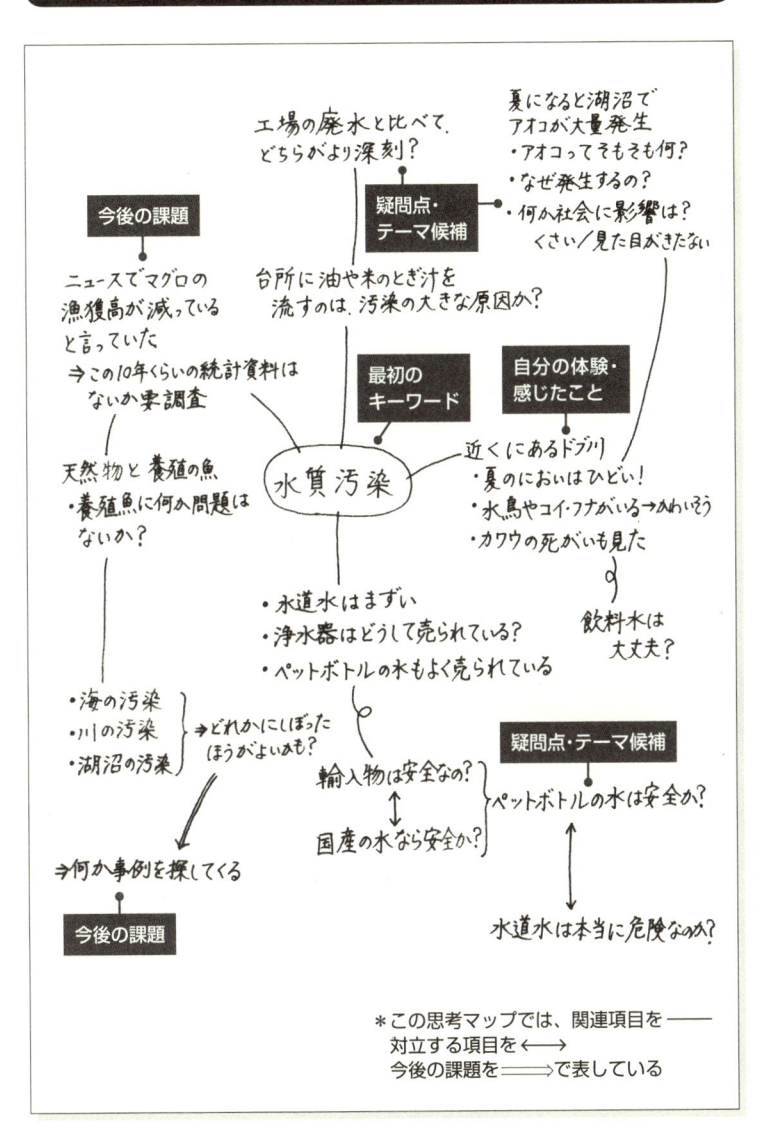

今後の課題

ニュースでマグロの漁獲高が減っていると言っていた
⇒この10年くらいの統計資料はないか要調査

工場の廃水と比べて、どちらがより深刻?

疑問点・テーマ候補

夏になると湖沼でアオコが大量発生
・アオコってそもそも何?
・なぜ発生するの?
・何か社会に影響は?
　くさい／見た目がきたない

台所に油や米のとぎ汁を流すのは、汚染の大きな原因か?

最初のキーワード

自分の体験・感じたこと

天然物と養殖の魚
・養殖魚に何か問題はないか?

（水質汚染）

近くにあるドブリ
・夏のにおいはひどい!
・水鳥やコイ・フナがいる→かわいそう
・カワウの死がいも見た

・水道水はまずい
・浄水器はどうして売られている?
・ペットボトルの水もよく売られている

飲料水は大丈夫?

・海の汚染
・川の汚染　⇒どれかにしぼったほうがよいかも?
・湖沼の汚染

輸入物は安全なの?
　↕
国産の水なら安全か?

疑問点・テーマ候補

ペットボトルの水は安全か?

⇒何か事例を探してくる

今後の課題

水道水は本当に危険なのか?

＊この思考マップでは、関連項目を────
　対立する項目を←──→
　今後の課題を════で表している

第4章　課題が出てから1〜2週間にすべきこと

「思考マップ」完成までの発想方法とは？

「思考マップの書き方はわかったけど、どうやって連想すればいいの？」という人もいることでしょう。そこで、さきほどの思考マップがどのような連想の結果できたのか、具体的に説明します。

最初のキーワードは、「水質汚染」です。まず、これを紙の中央に書きました。それから、心の中で「水質、汚染、水質、汚染……」とつぶやいてみます。

キーワードからの連想・今後の課題

「水といっても、川だけでなく、湖や海もあるなあ。よし、湖の汚染について、ウェブから何か事例を探してみよう」

⬇

新しいキーワードの発見

「水道水ってまずいよな。でも、最近東京の水がおいしくなったっていう話もある。浄水器やペットボトルの水がよく売れているのは、消費者の水に対する安全志向が原因かも。水道水、浄水器、ペットボトル、安全性……新しいキーワードが出てきたかな？」

⬇

疑問点・テーマ候補

「2つのことばを組み合わせてみよう。『水道水、ペットボトルの水って安全なの？』ペットボトルの水には、国産と輸入がある。どちらが安全なんだろう？」

⬇

自分の体験

「台所で流しに油を捨てると、よくお母さんから怒られたなあ」
「家の近くにドブ川があるけど、夏はにおいがひどいなあ」

⬇

疑問点・テーマ候補

「毎年夏になると、アオコが発生するなあ。そういえば、アオコってそもそも何だろう？　どうして発生するのかな？　見た目の汚さ以外に、何か悪い影響はないのだろうか」

　このように、自分の体験や感じたことを振り返りながら、疑問点やこれから調べたいことなどを、思いつくままに書いていきます。新たなキーワードを思いついたら、今度は別の紙の中心にそれを置いてまた連想を続けます。疑問点は、面倒がらずに調べましょう。こうして考え続け、情報を整理していくなかで、テーマとしてとりあげたい現象は何か、問題意識がはっきりしてくるはずです。

第4章のまとめ

◆**評価されるテーマ設定のしかた** ▶ 90ページ参照
- キーワードを「意義のある質問」として提示する
- 範囲が広すぎない、具体的で論証可能なテーマを選ぶ

◆**基本資料の集め方と読み方** ▶ 94ページ参照
- 検索ツールを活用して集める(パスファインダー、OPAC、新書マップなど)
- 「全体を眺め渡す読み方」と「焦点をしぼる読み方」を使い分ける

◆**「思考マップ」の発想方法と作成方法** ▶ 98ページ参照
- キーワードを紙の中央に書き、自分の体験などを振り返りながら、疑問点やこれから調べたいことをまわりに書いていく

第5章

課題が出てから 2〜3週間にすべきこと

資料の読み込みや見取り図資料作りが進んできたら、ステップ4〜ステップ6に移りましょう。「目標規定文」を作り、自分のテーマと先行研究の関係をはっきりさせ、自分の主張の説得力を高めるにはどのようなデータが必要かも考えましょう。目標規定文ができたら、それをもとに、本論の展開を箇条書きで示す「項目アウトライン」を作ります。

1. 見取り図資料をもとに「目標規定文」を作る
2. 「先行研究」と自分のテーマの関係を確認する
3. 論証に必要なデータは何かを考える
4. 論証には典型的なパターンがある
5. 本論の展開を考え、「項目アウトライン」を作る

1 見取り図資料をもとに「目標規定文」を作る

▶ Step4（66ページ参照）

目標規定文には3つの要素がある

目標規定文とは、論文のテーマや主張を短い文章に表したもので、**Ⓐとりあげたいテーマ（論点・疑問点）**、**Ⓑ分析や論証の方法**、**Ⓒ結論・主張**、という3つの要素があります。

この3つのうち、もっとも大切なのはⒶです。学問分野や課題について、いかに「意義のある問い（疑問）」を提示できるかが、レポート・論文の質を左右します。また、Ⓑの分析や論証の方法にはさまざまな種類があり、学問分野によってもよく使われる方法が違います。担当教員の指導のもとで経験を積み重ね、自分の論証にふさわしい方法を身につけてください。

目標規定文の作成手順

①見取り図資料（問いと答えのリスト、思考マップ、情報カード）を机の上などに並べ、全体を眺め渡す

②レポート・論文のテーマになりそうなものはどれかを考え、候補を3～5つくらいあげる

③その中から、より価値がありそうで、現実的に取り組めそうなものを選ぶ

④選んだテーマ候補を疑問文にして、Ⓐの部分で示す

⑤結論を導くためにどのような分析や考察を行うかを考え、Ⓑの部分で示す

⑥現時点での仮の主張をⒸの部分で示す（文献の読み込みや調査が進んだら、必要に応じて修正を加える）

目標規定文の作り方

私は、本稿(この論文・レポート)で、 A について、論じる。 B を考察し、 C という結論を導く。

A テーマ・論点・疑問点… 「意義のある問い」を疑問文の形で表す

事実の有無	ゆとり教育は学力低下を招いたか
可能性の推測	マグロは将来食べられなくなるか
二者択一	結婚するなら見合いか恋愛か
制度の是非	出生前診断を法規制すべきかどうか
必要性の判断	成人式は必要かどうか

B 分析や論証の方法… どのようなデータをもとに考察するかを示す

考察の方法・アプローチ	年齢別の結婚理由を調査した結果を比較することで
分析の切り口・観点	たばこの副流煙が非喫煙者に与える影響という観点から
根拠となるデータの種類・観点	ここ10年間のマグロの漁獲量と消費動向をもとに

\ Advice /

目標規定文には、データの出所を記述しないように注意しましょう。たとえば、Bの部分を「文部科学省の教育白書を引用して」「Wikipediaで調べた記事を参照して」などとするのはNGです。

2 「先行研究」と自分のテーマの関係を確認する

▶ Step5（70ページ参照）

「先行研究」を参照する意味とは？

「先行研究」とは、**とりあげようとしているテーマと密接な関係がある過去の研究**のことです。論文を書くにあたっては、先行研究を参照することは義務です。自分の研究テーマが、過去の研究とどのように関連しているか、論文の中で明示しなければならないからです。文献の名称等を明示することは、先行研究を行った人に対する敬意の表明であり、読み手への配慮でもあります。読み手は、その文献を入手して、主張内容の根拠を検証することができます。

もしあなたの頭に、「いままでだれも考えたことがないような独創的なテーマ」がひらめいたとしても、先行研究を参照したうえで、「どこが違うのか」を説明しなければ、説得力がありません。実際には、ほとんどのテーマはすでにだれかが取り組んでいるものです。

だからといって、がっかりすることはありません。同じような問題をとりあげている文献があれば、**論証のデータとして引用することで、自分の主張の説得力を高めることができます**。論文中で先行研究にふれることによって、自分の研究テーマが以前から議論されてきたものであることが、はっきりします。つまり、ただの思いつきではなく、「とりあげる価値がある」テーマだということを、読み手にアピールできるのです。

ただし、同じ研究がすでに行われており、結論までいっしょなら、それを研究する意義はないといえるでしょう。その場合は、いさぎよくあきらめて、新しいテーマ設定をする、という判断も必要になります。

たとえば、「脳死は人の死か」のようなメディアでよくとりあげられるテーマは、本やWebなどから多くの情報を得ることができます。しかし、もう研究されつくしていて、大学生レベルでは新しい研究をする余地はあまりない可能性もあります。逆に、ほかの人があまり手をつけていない新しいテーマは、独自性が出せそうですが、研究するのが難しいので、だれも手をつけていないのかもしれません。本やWebからの情報が少ない領域では、先行研究を材料にできないというデメリットがあるのです。したがって、大学生の皆さんは、情報がほどほどにあって研究の余地が残っている領域からテーマを選んだほうが、書きやすいでしょう。

論証に必要な「先行研究」は整理しておく

　先行研究のチェックをするときに、論証に必要なものはとくに、情報カードを使って整理しておきましょう（64ページStep3参照）。論文を執筆する段階になったら、適切な引用方法で紹介します。引用のしかたについては、第7章で具体的に説明します。

情報や先行研究がほどほどにある領域からテーマを選んだほうが、書きやすくなる

3 論証に必要なデータは何かを考える

▶ Step5（70ページ参照）

説得力のある主張に必要なデータを見きわめる

　論文を書くときに重要なのは、自分の主張のどの部分でデータを示すことが必要なのか、どのようなデータが説得力を高めるのか、を考えることです。

　たとえば、「国民は、大学教育の維持・存続のために多額の税金を納めている。したがって、大学生がまじめに勉強しないのは、納税者に対して義務を果たしていないことになる」と主張するためには、どのようなデータを示せばよいでしょうか。この主張の説得力を高めるには、次の2つの点について、調べる必要があると考えられます。

> ① 文部科学省の予算に、国立大学の運営費や私学助成金は含まれているのか、それは何％か
> ② 大学生がまじめに勉強していないというのは本当か
> 　（A）大学生の1日あたり、または1週間あたりの平均学習時間はどのくらいか
> 　（B）文部科学省による「大学生に求める標準的な学習時間」のような基準はあるのか

　①については、予算の内訳を示す統計データを探せばよいでしょう。②については、（A）と（B）を比較して分析すれば、大学生の学習時間が十分なのかどうか、推測できます。さらに、最近10年における大学生の平均学習時間の推移を示すデータがあれば、「大学生の学習時間は10年前に比べてどうなのか」についても比較することができ、主張の正当性を示すことができます。

データの種類を知って、必要なものを集めよう

論証のために必要なデータが見えてきたら、それを集める作業を始めます。第3章のStep4では、データを集める代表的な方法として、観察・実験・調査・検査・先行研究の検討などをあげました。

人文社会系の論文でよく使用されるのは、**調査による「調査データ」**と、**先行研究の内容や議論を引用する「引用データ」**です。新聞・雑誌の記事も、よく引用されます。そのうち調査データは、自分でアンケートを実施して結果をまとめた「1次(独自)データ」と、官公庁などの信頼できる機関が調査・分析結果を公表した「2次データ」に分けられます。ほかにも、インタビューや取材の録音を文字化した「文字起こしデータ」などがあります。

必要なデータの種類や集める方法は、学問分野によって違います。また、同じ分野であっても、主張の内容によって必要なデータは違ってきます。指導教員にアドバイスをもらい、適切なデータを集めるようにしましょう。

論証に必要なデータの例

調査データ	1次(独自)データ	自分で調査・分析し、結果をまとめたもの
	2次データ	官公庁などが調査・分析結果を公表したもの
引用データ		①先行研究の主張を引用するもの ②新聞・雑誌の記事を引用するもの
文字起こしデータ		インタビューや取材を文章化したもの

4 論証には典型的なパターンがある

▶ Step6(72ページ参照)

📝 基本の「論証パターン」を知っておこう

第3章の「項目アウトライン」の例を見て、「作るのが難しそうだなあ」と思った人もいるでしょう。しかし、人文社会系の分野では、本論の展開について、次のようなよく見られる論証パターンがあります。まず、これらの基本パターンを理解しましょう。

❶定義・原因・影響・評価→考察

問題となっている現象などの定義を最初に説明し、その原因や影響について述べます。そして、現在行われている対策を評価し、自分なりの考察や主張を示します。ただし、定義・原因・影響・評価のすべてを、1つの論文でとりあげるとは限りません。また、記述の順序や量は、どこに重点を置くかで変わってきます。

❷時系列的な説明→考察

事件や現象を起こった順にあげて分析を加え、自分なりの考察や主張を示します。時代ごとの特徴・変化・共通点などを考察する目的で、よく使われる論証パターンです。また、先行研究を紹介する場合などに、部分的にこの手法を使うこともあります。

✏️ 自分なりの論証パターンを考える

112ページ以降に、❶の論証パターンによる項目アウトラインの例❹~❶を紹介します。これらのパターンを参考に、指導教員に相談しながら、自分なりの項目アウトラインを作ってください。データの配置も考え、データを提示したら、必ず分析を加えます。データと分析を積み重ねて、最終的な主張を完成しましょう。

本論の基本論証パターン

① 定義 ・ 原因 ・ 影響 ・ 評価 ➡ 考察（論点の提示）

テーマ…アオコの大量発生

- アオコとは何か
- なぜ発生するのか
- 各地の被害状況はどうか
- 国の対策は十分か
- 自分なりの発見を提示

② 時代1 ➡ 時代2 ➡ 時代3 ➡ 考察（特徴・変化・共通点）

テーマ…子どもの命名の移り変わり

- 戦前の事例
- 戦後の事例
- 2000年代の事例
- 3つの時点の相違点を提示

＊ただし、人文社会系の論文では、考察を章として別に設けない場合も多い

論証例Ⓐ 原因の究明

問題の原因候補をいくつかあげ、比較しながら原因究明を試みるパターンです。

序論

Ⅰ. はじめに
　　本稿では、○○の原因は果たしてAなのか、について論じる。○○の現状や環境に及ぼす影響とともに、主な原因の比較・対比を試みたい。結論として、現状ではAが主要因と考えられるものの、不明な点も残っていると主張する。

影響

Ⅱ. ○○の現状と環境に及ぼす影響
　1. ○○の現状はどうなっているか
　2. ○○は環境にどのような影響を及ぼしているか

原因

Ⅲ. ○○が発生する原因として考えられるもの
　1. 原因A
　2. 原因B　→各原因の説明
　3. 原因C

　これらのうちどれが主要因か（比較・対比による説明）
　原因Aが主要因といえそうだが、不明な点もある（さらなる追跡調査が必要）

考察

Ⅳ. 考察 ← 省略可

Ⅴ. 終わりに
　　主な原因がAであることを主張する。今回考察の対象としなかったことをあげて、今後の研究の必要性にふれる。

結論

論証例❸ 現状の詳述

問題の現状を詳しく述べ、実態を明らかにするパターンです。

序論

I. はじめに

　本稿では、○○の影響はどの程度深刻なのか、について論じる。まず、○○という現象を定義づけ、発生のメカニズムを探る。次に、○○の影響を示す事例について詳述し、この現象の深刻さを明らかにする。結論として、□□の点で影響は深刻であり、国が対策をとるべきだと論じる。

定義

II. ○○の定義と発生のメカニズム
1. ○○とは何か
2. ○○はなぜ発生するのか

影響

III. ○○の影響を示す事例
1. 事例A
2. 事例B　→各事例の説明
3. 事例C

この3つの事例から共通していえるのは何か（影響の深刻さを描写）

考察

IV. 考察 ← 省略可

結論

V. 終わりに

　○○の影響について、判明したことを主張する。今回考察の対象としなかったことをあげて、今後の研究の必要性にふれる。

論証例Ⓒ 対策の検討

問題の有効な対策を検討し、その実現可能性を探るパターンです。

序論

Ⅰ. はじめに

　本稿では、市民レベルでの〇〇対策は可能なのか、について論じる。実際に取り組まれている対策を分類し、成功事例を詳述することで、他地域への適用の可能性について述べる。国としての取り組みが不可欠ではあるが、市民レベルでの〇〇対策は十分可能であることを主張する。

影響

Ⅱ. 〇〇の現状と環境に及ぼす影響
 1. 〇〇の現状はどうなっているか
 2. 〇〇は環境にどのような影響を及ぼしているか

対策

Ⅲ. 市民レベルでの〇〇対策の分類
 1. 対策A
 2. 対策B　→分類方法の説明
 3. 対策C

Ⅳ. S県K市における取り組みと他地域への適用可能性

考察

Ⅴ. 考察 ← 省略可

Ⅵ. 終わりに

　K市での取り組みは他地域にも適用できる可能性があることを主張し、今回考察の対象としなかったものをあげて、今後の研究の必要性にふれる。

結論

論証例❹ 議論の整理

問題に関するこれまでの議論を整理し、今後の方向性を示すパターンです。

序論

Ⅰ．はじめに
　本研究では、○○の最新の動向について論じる。これまでの○○についての議論を整理し、今後の方向性を探りたい。結論として、□□という点での議論がまだ不十分なので、□□に重点を置いて対策を検討すべきだと主張する。

定義

Ⅱ．○○の最近の状況
　1．○○の定義
　2．○○の現状

議論整理

Ⅲ．○○に関するこれまでの議論
　1．議論A
　2．議論B　→各議論の説明
　3．議論C

　議論Aと議論Bについては、共通の見解が得られているようである。（田中, 2009）
　議論Cについては、□□の点で見解が分かれており、まだ十分に議論されているとはいえない。

考察

Ⅳ．考察 ← 省略可

結論

Ⅴ．終わりに
　議論Aと議論Bについては一定の研究成果が見られるが、議論Cについては今後の研究の必要性が明らかになった。とくに、□□について議論が不十分なことを指摘する。

5 本論の展開を考え、「項目アウトライン」を作る

▶ Step6（72ページ参照）

論文は章・節・項から構成される

自分なりの論証パターンがある程度決まったら、いよいよ「項目アウトライン」を作ります。Step 3の「見取り図資料」、Step 4の「目標規定文」をもとに、本論の展開をストーリー化しましょう。

まず、論文をいくつの章で構成するかを考えなければなりません。112～115ページのようなタイプで**2000字前後のレポートなら、4章～5章構成**で十分でしょう。Ⅰ章が序論（はじめに）、最後の章が結論（終わりに）、Ⅱ～Ⅲ（Ⅳ）章が本論です。ただし、1つの章は、さらに細かく分ける必要があります。**章を分けたものが「節」、「節」を分けたものが「項」**になります。

大学生レベルの論文なら、「章・節・項」の3階層以内にすることをおすすめします。複雑な構成にすればするほど、あとで変更しにくくなるからです。とくに項目アウトラインでは、これから順番を入れ替える可能性があるので、もっと単純にしてもかまいません。

次ページでは、章をⅠ・Ⅱ…、節を（1）・（2）…、項をa・b…という記号で表しています。記号の使い方に統一されたルールはありません。学問分野の慣習や指導教員の指示にしたがってください。

何を主張するかによって章の立て方を変える

同じテーマでも、分析の切り口によって、章立てを変えることができます。118～119ページの例を見てください。自分の主張の説得力を強めるためにはどのような章立てが効果的なのか、項目アウトラインを作る段階で、よく考えることが大切です。

章・節・項の関係

- Ⅰ. はじめに ── 章
- Ⅱ. 少子化の原因
- Ⅲ. 少子化の影響
- Ⅳ. 終わりに

⬇

- Ⅱ. 少子化の原因 ── 章
  - (1) 日本の場合 ── 節
  - (2) 韓国の場合
  - (3) 欧州の場合

⬇

- Ⅱ. 少子化の原因 ── 章
  - (1) 日本の場合 ── 節
    - a. 女性の社会進出 ── 項
    - b. 結婚・出産に対する価値観の変化
    - c. 子育て環境整備の遅れ

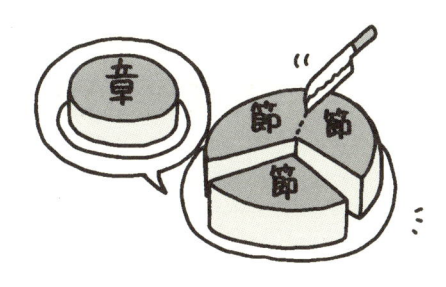

第5章 課題が出てから2〜3週間にすべきこと

章を時系列に配置したアウトライン

時代区分ごとに章を立て、各章で同じポイント(この例では、居住空間・広告媒体・販売形態)について分析・考察を行うタイプです。

表題:居住空間の変化と広告の進展は 販売の形態をどのように変容させたか

第1章　はじめに

第2章　高度成長期前
2-1　　居住空間:大家族、地域中心
2-2　　広告媒体:看板、チラシ
2-3　　販売形態:小規模の小売店中心
2-4　　まとめ

第3章　高度成長期
3-1　　居住空間:都市と郊外の発展、団地、核家族化
3-2　　広告媒体:チラシ、テレビCM
3-3　　販売形態:スーパーマーケット、百貨店中心
3-4　　まとめ

第4章　平成以降
4-1　　居住空間:郊外化、ワンルーム、独居
4-2　　広告媒体:口コミ、Webマーケティング
4-3　　販売形態:コンビニエンスストア、Web上のモールの台頭
4-4　　まとめ

第5章　終わりに

このアウトラインのメリット
時代で区切って分析しているので、時代ごとの特徴がクローズアップできる

各章の中を時系列に配置したアウトライン

考察対象の居住空間・広告媒体・販売形態ごとに章を立て、各章の中で時代別の分析を試みるタイプです。

表題：居住空間の変化と広告の進展は
　　　　販売の形態をどのように変容させたか

第1章　はじめに

第2章　居住空間の変化：大家族から核家族化・独居へ
2-1　高度成長期前
2-2　高度成長期
2-3　平成以降

第3章　広告媒体の変化：チラシ、テレビCMからWebの時代へ
3-1　高度成長期前
3-2　高度成長期
3-3　平成以降

第4章　販売形態の変化：小売店からWebのモールへ
4-1　高度成長期前
4-2　高度成長期
4-3　平成以降

第5章　終わりに

このアウトラインのメリット

分析の観点ごとに、時代による変化を示すことができる

参考資料：菊田千春・北林利治（2006）

序論・本論・結論と目標規定文の関係

項目アウトラインの構成をもっと理解するために、序論・本論・結論のそれぞれを、目標規定文の3要素と比べてみましょう。

❶序論

項目アウトラインでは、第1章の「はじめに」に相当します。序論の大きな役割は、**本論の予告をして読み手の関心をひきつけ、研究の背景を説明して、読み手の理解を助ける**ことです。そのために、ここには目標規定文をほぼそのまま入れて、紹介します。つまり、**何をテーマとしてとりあげ、どのような方法で論証し、最終的に何を主張するのか**、を手短かに書くのです（104ページ参照）。

❷本論

118〜119ページの項目アウトラインでは、第2章・第3章・第4章が本論になります。本論は、**主張を導くための分析方法・手順を示し、結論とそこに至る過程を詳しく説明する（論証する）**ところです。目標規定文の「分析や論証の方法」から「結論・主張」までを詳しく説明する部分であり、材料をどのような順番で並べ、結論につなげていくか、章立てを設計することが求められます。

論証の方法は学問分野によって違いますので、詳しいことは学問分野の慣習に従うようにしてください。

❸結論

項目アウトラインでは、「終わりに」と表記されることが多い部分です。本論の考察を振り返り、**目標規定文の最終的な主張部分を再度強調**します。

論文の「表題」のつけ方の基本

アウトラインを作る際には、論文の「表題（タイトル）」も考えなければなりません。項目アウトラインの段階では、まだ「仮題（仮

タイトル)」でかまいませんが、表題のつけ方の基本を知っておきましょう。

　第4章で、論文・レポートのテーマについては、「範囲が広すぎず、ほどよく具体的であること」が必要だと述べました。表題についても、同じことがいえるでしょう。よく見られるのが、「アオコに関する研究」や「裁判員制度に関する一考察」といったものですが、これらは指し示す内容があいまいで、何を主張したいのかが読み手に伝わりません。そこで、次のような工夫をするとよいでしょう。

❶ 範囲や年度などを限定する
「琵琶湖におけるアオコに関する研究」「日本の裁判員制度の○○に関する一考察」のように範囲を区切ったり、「平成以降の…」「1990年代の…」のように時間を区切ることで、扱う対象を限定する。

❷ テーマ・問題意識を明確に表現する
「湖沼のアオコの抑制は可能か」「裁判員制度は日本に定着するか」のように、扱うテーマを疑問文として明確に表現すると、読み手は内容を想像しやすくなる。

❸ 分析・論証方法を副題として添える
「湖沼のアオコの抑制は可能か　―琵琶湖における事例から―」「裁判員制度に関する一考察　―米国の陪審員制度との比較―」のように、主題に副題を添えるパターンも多く見られる。この例とは逆に、分析方法や論証方法を主題にする場合もある。

第5章のまとめ

◆目標規定文の作り方　　　▶ 104ページ参照
- 見取り図資料をもとにテーマ候補を考え、次の３つの要素を短い文章に表す
  - ❹とりあげたいテーマ・論点・疑問点
  - ❸分析や論証の方法
  - ❻結論・主張

◆先行研究の参照　　　▶ 106ページ参照
- 自分の研究テーマと過去の研究との関連を確認しておく
- 論証に必要な先行研究は情報カードを使って整理する

◆論証に必要なデータの種類　　　▶ 108ページ参照
- １次（独自）データ、２次データ、引用データ、文字起こしデータなどがある

◆本論の基本的な論証パターン　　　▶ 110ページ参照
① 定義・原因・影響・評価→考察
② 時系列的な説明→考察

◆項目アウトラインの作り方　　　▶ 116ページ参照
- 主張する内容に合った章立て（章・節・項）を考える
- 序論・本論・結論を目標規定文と対応させる
- 主張が具体的に伝わる表題（仮題）をつける
  （扱う範囲や年度を限定する、テーマを明確に表現する、主題に副題を添える、などの工夫をする）

第6章

論文完成までの最終段階ですべきこと

最終段階で行うのが、ステップ7〜ステップ10の作業です。項目アウトラインができたら、それをさらに詳しくした「文アウトライン」を作り、資料の読み込みや考察を続けながら、アウトラインをさらに修正します。アウトラインが完成したら、文章を書き始めます。論文にふさわしく、説得力のある文章にするためのポイントについても、しっかりと学んでください。

1 「文アウトライン」を作り、内容をさらに具体的にする
2 章立てを最終決定した「完成版アウトライン」を作る
3 アウトラインを「パラグラフ形式」の文章にする
4 論文にふさわしい文章にするには
5 論文清書前のチェックポイント
6 論文提出前の最終チェックポイント

★完成したレポートの見本

1 「文アウトライン」を作り、内容をさらに具体的にする

▶ Step7（76ページ参照）

章立てや章の詳しい内容を決める

「項目アウトライン」ができたら、箇条書きや単語だった内容を1～2行の文にして、「文アウトライン」に発展させます。

まず、先行文献の読み込みや調査、考察を続けながら、**項目アウトラインの大まかな章立てを見直し、章の数や詳しい内容を決めていきます**。序論と結論以外の章には、章見出しをつけましょう。

次に、章をどのような「節」や「項」に分けるかについて検討し、小見出しを加えていきます。章・節・項の関係については、第5章の116ページを参照してください。

そして、序論の目標規定文の内容が、本論の中できちんと展開されているかをチェックします。**目標規定文の内容と本論で論じる順序を、できるだけ一致させる**ことがポイントです。主張に関係ないと判断した項目は、この段階で削除してください。

データの位置や疑問点を書き込む

さらに、集めたデータ類を本論のどの位置に入れるのか、決めていきます。アウトライン中に、「情報カード①から引用」などと書き込むようにするとよいでしょう。不要なデータは思いきって捨て、調査が不足している点や、考察のなかで新たに出てきた疑問点も、アウトライン中に書き込んでおきます。

76ページでも説明しましたが、調査や考察が進むにつれて自分の主張が変わってきた場合は、目標規定文の主張の表現も変更します。目標規定文は、常に本論の内容を反映した表現にしましょう。

項目アウトラインを文アウトラインにする

1. 本論の章の数を決め、章見出しをつける
（必要であれば、章の数を増やすことも検討する）

2. 節・項の分け方や、小見出しの表現を考える

3. 箇条書きや単語で示されていた内容を、1〜2行の文にまとめ、より詳しく説明する

4. 新たに必要になった内容を追加し、不要な内容は削除する

5. 目標規定文の内容と本論の展開が一致しているか、確認する

6. データ（図表・グラフ・引用など）を入れる位置を決め、その位置をアウトライン中に明示する

7. 調査が不足している点や、新たな疑問点も、メモとして書き込む

8. 本論の内容や構成が変わった場合は、目標規定文も修正する

第6章 論文完成までの最終段階ですべきこと

項目アウトラインの章立てを見直して説明を詳しくしたり、データの位置を決めたりして、文アウトラインに発展させよう

文アウトライン作成のポイント

仮題:養殖の自家汚染と環境負荷について ← 項目アウトラインよりも仮題を具体的にする

I. はじめに

テーマを選んだ動機…最近、養殖の魚が天然ものより目立ってきた

- 水産物の中で養殖漁業が占める割合(要調査) ← 作業予定をメモしてもよい
- 養殖場では環境の悪化が起こり、養殖魚の生産量が伸びない

本稿の目標 ← 目標規定文の内容をそのまま入れる

- なぜ養殖場では環境の悪化が起こり、養殖魚の生産量が伸びないというような状況になったのか
- 本稿では、養殖漁業の環境の現状を明らかにし、その問題を解決すべきだと主張する ← 主張の内容は大まかな方向を示すだけでもOK

(レポート構成と内容の予告)

II. 養殖漁場の環境の現状

1. 漁場の自家汚染 ← 本論の「章」を「節」に分けて、具体的な見出しをつける

①魚類養殖

- 「自家汚染」という現象を説明する
- 養殖場での給餌の必要性
  魚の総重量の倍も必要、しかし、20〜30%は海中放出、汚染の原因

②貝類養殖

- 貝類の養殖は養殖量が適度であれば海水浄化の役割を果たす
  しかし、養殖量が過密状態だと、大量の排泄物が排出される
  →底質の汚染へ

*文アウトラインでは、本論を細分化して見出しをつけます。まだ調査が足りない点、検討が不十分な点も明らかにしましょう。

- 2. 汚染の指標
    - 窒素・リンは、富栄養化の指標として用いられる
        → 情報カード② から引用
    →海中に大量の窒素やリン→富栄養化→植物プランクトンの異常増殖・赤潮など（図1をここを入れる）

    データ配置について書き込む

- 3. 底質の汚染
    - 底質の悪化は、溶存酸素量を低下させ、底生生物群集の崩壊・死滅をもたらす

    データ配置について書き込む

- 4. 青潮
    - 青潮とは○○である　→ 情報カード③ から引用

- Ⅲ. 従来の養殖方法に代わる対策案
    - 従来の養殖方法の問題点を調べ、事例とともに説明する
    - 新しい取り組み、今後期待される対策や方向性を説明する

    今後調査や検討が必要な点を明確にする

- Ⅳ. 終わりに
    - 環境に配慮した養殖方法を研究して、養殖漁業の環境問題を解決すべきだと主張する

参考文献

日本水産学会編『水産学シリーズ』恒星社厚生閣

2 章立てを最終決定した「完成版アウトライン」を作る

▶ Step8（80ページ参照）

調査や考察を終えてアウトラインを完成する

「完成版アウトライン」では、これまで続けてきた**資料の読み込みや調査、考察を終わらせ、章立てや目標規定文を最終決定します**。

「文アウトライン」の段階ではまだ調査不足だった点や、疑問が残っていた点についても、検討を終えていなければなりません。検討の結果、とりあげる必要が出てきた内容やデータがあれば、アウトライン中に書き加えましょう。疑問点のうち、根拠に基づく明確な答えが見つからなかったものは本論からはずし、今後の課題として結論で簡単にふれる程度にします。

さらに、**序論から結論までを通して論旨が一貫しているか**、確認しましょう。配置を決めてあるデータや見出し類に、修正の必要はないかもチェックします。

データや参考文献一覧を最終チェックする

データの中に、見せ方がまだ決まっていないものがあれば、ここで加工をすませます。すでに作成したデータについても、効果的な表現方法になっているか、見出しや説明文は適切か、出典情報があるかなどを確認します。アウトラインの最後に記す参考文献一覧についても、引用元の情報（図書の場合は、著者名・刊行年・図書名・出版社名）を確認します。

目標規定文とアウトラインが確定したら、**論文の表題（タイトル）を正式に決定します**。仮題の内容を検討して、自分の主張がもっとも的確に伝わるように修正を加えてください。

完成版アウトライン作成のポイント①

表題：養殖の自家汚染と環境負荷をいかに軽減するか
〔論文のタイトルを正式決定する〕

Ⅰ．はじめに
   テーマを選んだ動機 〔調査を終えてわかったことを明確にする〕
   - 水産物の中で養殖漁業は漁業生産量全体の2割以上（マダイ類は8割、ブリ類は7割が養殖）
   - 近年、問題が起きている：養殖場の拡大、過密養殖など→養殖場の環境悪化→慢性的な赤潮の発生や底質悪化→生産量は横ばい状態

   本稿の目標 〔目標規定文を完成させる〕
   - 技術が進み、それに伴って生産が伸びるはずであるものが、なぜ期待に沿わない状況に陥ってしまっているのか。
   - 本稿では、養殖漁場の環境の現状を明らかにし、魚類・海藻などを同時に養殖する複合的養殖場の設置を推進すべきだと主張する。

   〔主張の具体的な内容を決定する〕

   レポート構成と内容
   以下、Ⅱでは養殖漁場の環境汚染の現状を明らかにする。Ⅲではゼロエミッション事業について、Ⅳでは今後の動向について説明する。Ⅴでは環境改善への努力の必要性を結論として述べる。

Ⅱ．養殖漁場の環境の現状
 1．漁場の自家汚染

   〔5ページ以上の論文の場合は、論理展開の予告があったほうがよい〕

   ①魚類養殖
   - 「自家汚染」とは、……という現象である。（定義を説明）
   - 養殖場での給餌の必要性
     魚の総重量の倍必要だが、20〜30%は海中放出され、汚染を引き起こす。

   ②貝類養殖
   - 貝類の養殖は、養殖量が適度であれば海水浄化の役割を果たす。しかし、養殖量が過密状態だと、大量の排泄物が排出される。
                                        → 底質の汚染へ

〔見出し類に修正の必要はないか、チェックする〕

完成版アウトライン作成のポイント②

2．汚染の指標　　　　　　　　　　　【データ類の配置を最終決定する】
- 窒素・リンは、富栄養化の指標として用いられる→環境GISから引用
  → 海中に大量の窒素やリン→富栄養化→植物プランクトンの異常増殖・赤潮など
  → ここに図1「海面養殖における環境負荷（全国版）」を入れる。
- 説明：魚類養殖場と貝類養殖場の窒素量・リン量をグラフで表したもの
  貝類が窒素量・リン量ともに負の値を示しているが、魚類では貝類に比べて両方の物質が大量に海中に存在し、汚染が進んでいる。
  【データの説明文が適切か、確認する】

3．底質の汚染
- 底質の悪化は、溶存酸素量を低下させ、底生生物群集の崩壊・死滅をもたらす。
  → このメカニズムをここで説明：排出有機物→沈降→分解しきれなかったものは海底へ堆積→分解に大量の酸素が必要→底層の溶存酸素量は減少→酸欠状態　　→ 水産 p.125から引用
  → 溶存酸素量が海水1ℓあたり1mℓまで減少すると、ほとんどすべての種は生存できない。　　→ 水産 p.45-46から引用

4．青潮　　　　　　　　　　　　　　【データ類の配置を最終決定する】
- 青潮とは……である。（定義を説明）→ 情報カード③

Ⅲ．ゼロエミッション事業
- 従来の養殖方法の欠点
  → 残餌や養殖されている生物の代謝生成物はそのまま排出され、有機物の分解は海中の浄化作用に任されていた。
- 和歌山県水産試験場増養殖研究所　→ 情報カード② の説明
  → ここに図2「ゼロエミッション事業による複合養殖」を入れる。
  【新たに必要になったデータを書き加える】

1．養殖方法
　図2は新しい養殖方法……を模式化したものである。
　　　　　　　　　　　　　　　　→ 水産 p.127から引用

＊完成版アウトラインでは、すべての考察を終えて章立てを最終決定します。
序論から結論まで論旨が一貫しているか、確認しましょう。

> 2．現時点での施行状況　　　**主張の方向性を明確にする**
> - ゼロエミッションについての和歌山、大分、熊本の取り組みを説明する。
>   → まだ試験段階だが、今後の取り組みに期待が持てる、という方向
>   　で書く。
>   ① 貝類やナマコ類を網の中で養殖すると、波の影響をまともに
>   　受ける。
>   ② 夏場に、水温の上昇でナマコの活動が鈍くなり、排出する有機
>   　物を食べなくなる。
>   → 波の影響を受けにくい網の利用や、高水温に耐えられる南方
>   　系のナマコの利用
>
> 3．今後の取り組み
> - アワビの例：出荷可能なサイズまであと半年という大きさに成長
>   したという報告があった。
> - 藻類はアオサ・ワカメとの組み合わせで最もよい結果が得られた。
>   → 条件の限定：和歌山県だけの実験結果であり、環境条件の異なる
>   　　　　　　　場所での実験が必要。
>
> Ⅳ．環境改善へ向けての動き　　　**必要に応じて章を増やし、詳しく説明する**
> 1．**持続的養殖生産確保法**　→ 法令データ提供システム から引用
> - 法律制定の経緯と目的をここに書く。〈～を目的とする法律である〉
> - 法律の制定により、どんな効果があったかを説明。
>
> Ⅴ．終わりに
> - 環境に配慮した養殖方法として、魚類・海藻類などを同時に養殖する
>   複合的養殖場の設置を推進すべきだと主張する。
>
> **参考文献**
> 日本水産学会編『水産学シリーズ』恒星社厚生閣
> 環境GIS　http://www-gis.nies.go.jp/　　　**引用元の情報を**
> 法令データ提供システム　http://law.e-gov.go.jp/　　**確認する**

3 アウトラインを「パラグラフ形式」の文章にする

▶ Step9(84ページ参照)

1つのパラグラフでは1つの話題をとりあげる

アウトラインが完成したら、文章化していきます。第3章のStep9で、わかりやすい文章の例として、1区切りの文章で1つの話題とその説明を述べる「パラグラフ形式」を紹介しました。「パラグラフ」は、形式的には国語で習った「段落」と同じですが、**構成している文の1つ1つに、明確な役割分担と順番がある**点が違います。

右ページの、パラグラフ形式になっていない文章（上）と、それをパラグラフ形式にした文章（下）を、比べてみてください。上の文章は、最初に「養殖場の給餌の効率が悪い」という問題点をとりあげ、最後に「自家汚染の定義」を述べているため、1つの段落に2つの話題が混在した状態になっています。また、「中心文」であるべき「自家汚染の定義」が、後ろに置かれています。そのため、何を言いたいのかがわかりにくくなっています。

「中心文」と「データ」をパラグラフ化する

修正を重ねて完成したアウトラインは、「中心文」と根拠づけの「データ」の集まりになっているはずです。アウトラインの1つ1つの文を、説明や具体例とともに、パラグラフ形式の文章にしていきましょう。出だしは1字分下げ、ほかのパラグラフと区別します。**1つのパラグラフの文字量は200字～400字前後**にすると、わかりやすくなります。これよりも長くなるときは、パラグラフを分けます。いくつかのパラグラフが集まったときに、中心文同士が論理的につながるように書くこともポイントです。

パラグラフ形式の文章にするには？

1 パラグラフ形式になっていない文章

> Ⓐ養殖場の魚類の養殖では給餌が必要であり、魚の総重量の倍ほど餌を与えなければならない。そのため、非常に効率が悪い。しかし、そのうち20％〜30％は、残餌、魚の排泄物、代謝生産物などの形で海中に放出されてしまい、汚染を引き起こしている。Ⓑこのような養殖漁場の汚染を自家汚染という。「自家汚染」とは、養殖魚介類が出す排泄物や残餌によって水質や底質が悪化し、結果的に漁場の生産性を低下させる現象である。

問題点
- Ⓐ養殖場の給餌の効率が悪い、Ⓑ「自家汚染」とは○○である、という2つの話題が混在している
- 中心文であるべき「自家汚染の定義」が、後ろに置かれている

修正ポイント

1. 話題を1つに絞るため、「そのため、非常に効率が悪い」の部分を削除する
2. 「自家汚染」を話題としてとりあげることを宣言してパラグラフを始め、「定義づけ」の文を中心文として「起」部に移す
3. 定義の「説明」として、具体例を「展」部に書く
4. 最後に結び文を追加する

2 パラグラフ形式にした文章

中心文

> まず、「自家汚染」の現象をとりあげたい。<u>「自家汚染」とは、養殖魚介類が出す排泄物や残餌によって水質や底質が悪化し、結果的に漁場の生産性を低下させる現象である。</u>とくに、養殖場の魚類の養殖では給餌が必要であり、魚の総重量の倍ほど餌を与えなければならない。しかし、そのうち20％〜30％は、残餌、魚の排泄物、代謝生産物などの形で海中に放出されてしまい、汚染を引き起こしている。<u>自家汚染は、養殖漁場における主要な問題といえよう。</u>

結び文

4 論文にふさわしい文章にするには

▶ Step9（84ページ参照）

🖋 正確でわかりやすい文章を書く

　論文を書き始める前に、文章の書き方の基本を確認しておきましょう。まず、自分の主張が読み手にはっきり伝わる、わかりやすい文章のポイントをあげてみます。

❶文末は「…である」「…だ」調にする

　論文では、とくに指定がなければ、文末は「…です」「…ます」調（敬体）ではなく、「…である」「…だ」調（常体）で書くのが基本です。

　ただし、「…だ。…だった。…だ」のように、同じ文末表現を続けると、小学生の作文のようになり、幼い印象を与えます。日本語には、「…といえる」「…に違いない」「…べきではない」など、さまざまな文末表現があります。**できるだけ同じ文末表現を続けないように、工夫しましょう。**

❷必要な事柄はしっかりと書く

　よく見られるのが、必要な情報が足りない説明文です。とくに、主語が明確に示されていないと、読む人によって違う意味に解釈される可能性もあります。たとえば、「何らかの対策をとるべきだ」という文は、だれに対策を求めているのかがあいまいです。

❸主語と述語はしっかりと対応させる

　主語と述語がかみ合わない文を「ねじれ文」といい、文法的に間違った文です。このような不正確な文があると、雑な印象を与え、レポート・論文の内容についても評価が下がる原因になります。

❹一文を短くする

　一文が3行を超える長い文は、いくつかの文に区切ったほうが、

レポートでよく見られるNG文例

必要な事柄が抜けている

(例)× 外国語の利点は、人との交流が増える点にある。

⬇

○ 外国語が話せることの利点は、<u>日本人以外の(外国)人</u>との交流が増える点にある。

× 秋葉原では、100万円使う外国人もいる。

⬇

○ 秋葉原では、<u>1回の買い物で</u>100万円使う外国人もいる。

*「体言止め」も、レポート・論文では使わない
　(例)地球。このかけがえのない星。

主語と述語が対応していない(ねじれ文)

(例)× 日本語の「マンション」と英語の"mansion"の<u>違いは</u>、マンションが集合住宅なのに対して、mansionは1戸建の豪邸<u>である点が違う。</u>

⬇

○ 日本語の「マンション」と英語の"mansion"の<u>違いは</u>、マンションが集合住宅なのに対して、mansionは1戸建の豪邸<u>であることだ。</u>

\ Advice /

わかりやすく正確な論文を書くために必要な技術は、簡単に身につくものではありません。ふだんから、新聞の時事解説や社説に目を通して文体や表現を参考にしたり、わからないことはそのままにせず、辞書などで確認するようにしましょう。日本語も、外国語の学習と同じく、日ごろの練習が大切です。

わかりやすくなります。一文の中に盛り込む情報を、できるだけ必要最小限にすることがポイントです。「1つの文に主語は1つ」を目安にするとよいでしょう。必要に応じて接続詞を使い、文と文をつなぎます。

❺「二重否定」は避ける

「〜でないとは言えない」のような表現を、「二重否定」といいます。二重否定は、最終的に肯定なのか否定なのかがわかりにくく、意味があいまいな文になりやすいので、論文ではなるべく使わないようにします。

❻慣用句・ことわざは正しく使う

たとえば、「過半数を超える」「念頭に入れる」「照準を当てる」などは、よくみられる間違った使い方です。正しい表現はそれぞれ、「過半数に達する・過半数を占める」「念頭に置く」「照準を合わせる・定める」となります。ほかにも、「×的を得た意見→○的を射た意見」「×異存は出ない→○異存はない」「×汚名挽回→○汚名返上、名誉挽回」などの表現に、注意しましょう。

慣用句やことわざなどは、うまく使えば言いたいことを効果的に伝えることができますが、意味を間違えて使うと、主張が正確に伝わらないだけでなく、文章の信頼性を損ねてしまいます。

このようなことばは、**使う前に必ず辞書で意味を確認する**習慣をつけましょう。

客観性のある文章にする

論文では、客観性が重視されます。そのために最も重要なのは、この本でくり返し述べてきたように、「信頼できるデータ」をつけることです。しかし、それだけではありません。文章の書き方についても、客観性をもたせるために注意すべき点がいくつかありますので、覚えておきましょう。

❶他者の意見と自分の意見を区別する

論文では、他者の意見や主張と、自分の意見や主張を、明確に区別して書かなければなりません。したがって、先行研究にあるコメントや、他者が作成した図表データなどを引用するときは、**引用元を明示する**必要があります。引用元の明示には、過去の研究業績に敬意を表するという意味もあります。

引用のしかたには、一定のルールがあります。詳しいことは、第7章をご覧ください。

❷「…と思う」「…と感じる」はNG

論文の中では、「…と思う」「…と感じる」のように、自分の気持ちや感情を主観的に表現することは、文学など一部の分野を除いて、原則としてありません。通常は、自分の分析や考察の結果を、「**…と考える**」「**…と判断できる**」のような、確信度の高い表現で、「意見」として表します。

❸推量的表現はできるだけ使わない

判断を示す表現として、「…かもしれない」「…という可能性もある」などの推量的表現があります。根拠が弱く確信がないときに、つい使いたくなりますが、断定度が低いこれらの表現は、主張の正当性を弱めてしまいます。前のページであげた二重否定の表現も、断定度が低い表現の1つです。これらのあいまいな表現は、論文ではなるべく使わないようにしてください。

❹一方的な断定は避ける

断定度が低い表現はよくないからと言って、証拠もないのに一方的に決めつける書き方も、客観性に問題があります。**一方的な断定は主観的で自己中心的な印象を与えます。**

たとえば、「すべての食品添加物は使用を禁じるべきだ」とか、「アメリカ人は個人主義者である」という意見は、正当な根拠を示さなければ、感情的で偏見に満ちているとみなされるでしょう。

❺接続表現を適切に使う

「したがって」「しかし」「…ので」などの、文と文、語句と語句をつなぐ接続表現を適切に使いましょう。接続表現には、文同士、語句同士の前後関係を読み手に予告する役割があり、適切に使うことで、文章の内容をわかりやすく伝えることができます。代表的な接続表現を、このページの下にあげておきます。

❻口語表現を使わない

口語表現（話しことば）を使うと、語り口が主観的になり、信頼性や客観性が低下してしまいます。論文を書くときには、それにふさわしい表現を使いましょう。次ページに、口語表現と論文にふさわしい表現を比較しましたので、参考にしてください。

接続表現の役割と種類

接続表現の役割	接続表現の例
理由の提示	なぜなら、というのも、…ので
具体例の提示	たとえば、例をあげると
結果・帰結	したがって、ゆえに、そこで、そのため
逆接・対照	しかし、ところが、…のに、…だが
まとめ・言い換え	つまり、要するに、すなわち
補足・注意の喚起	さらに、それに加え、なお、ただし
話題の変更	さて、ところで、その一方で、それでは

口語表現と論文にふさわしい表現

	口語表現	論文にふさわしい表現
述語表現	…じゃない	…ではない
	言う	述べる
	できる*	可能だ(である)
	わからない*	不明だ(である)
	あたりまえだ	自明だ、当然だ(である)
接続表現	だから	したがって、そのため
	だけど、でも	しかし、ところが
	…けど	…だが
副詞	とても、すごく	非常に、きわめて
	だいたい	およそ、約、ほぼ
	どんな	どのような、いかなる
	もっと	さらに
	やっぱり	やはり
	ちょっと	少し
疑問詞	なんで	なぜ
指示表現	こっち	こちら
	こんな	このような
その他	私(たち)は*	筆者(ら)は
	この論文(レポート)*	本稿、拙稿
	わが国では*	日本では
	前に(上で)言ったように	前述(上述)のとおり
	皆さんがよく知っているように	周知のとおり

*の表現は、場合によってはレポート・論文でも使うことがある

❼私的な内容を入れない

　論文の中に私的な内容を入れるのも、避けたいところです。とくに序論で問題の背景を説明するときに、「私の経験では…」「私が知る限りでは…」「そこで思いついたのだが…」などと、個人的な立場から書こうとする人がいます。また、レポートの本文で、「時間がなくて、できませんでした」と言い訳をする人もいます。このような個人的な事柄を書くと、客観性が低くなります。

　人文社会系の分野では、完全に主観を排除した観察や描写は不可能ですが、できるだけ研究対象から距離をおいて、客観的な態度を保つことが大切です。詩的な表現で感情に訴えるような文学的手法は、論文にはふさわしくありません。

❽不要な表現を入れない

　「地球の運命はわれわれ次第である」「国が何らかの形で善処すべきだ」のような抽象的であいまいな表現は、何を主張したいのかが相手に伝わりません。また、「ここで話は変わるが…」などと追加説明をすると、論理展開が横道にそれて、文章に一貫性がなくなってしまいます。

説明の基本となる「PREP法」

　パラグラフ形式以外に、わかりやすい文章を書くうえで知っておくと役に立つのが、プレゼンテーションでよく使われる**「PREP法」**という方法です。PREP法とは、次の頭文字を取ったものです。

- Point……要点・結論
- Reason ……理由
- Example……具体例・データ
- Point……要点・結論

　PREP法では、1つの話を構成する際に、まず**「要点」**や**「結論」**を提示します。次に、その根拠として、**「理由」**と**「具体例」**を示

します。具体例の代わりに、図表を用いた数値データや、その分野で著名な研究者のコメント、理論などを提示してもよいでしょう。そして、**最後にもう一度「要点」や「結論」を提示**したり、強調することで、相手の記憶に強く印象づけ、説得力を高めます。とくに、重要な主張の場合には、この方法を用いると効果的です。

さらに、R（理由）の部分で**内容のカウント予告**（下記参照）を行うと、読み手は「次に何の話がくるか」について心構えができ、わかりやすくなります。

PREP法による説明のしかた

Point（要点・結論）
（例）早期英語教育は不要だ。

Reason（理由）
（例）なぜなら、英語を学ぶ前に日本語の力をつける必要があるからだ。たとえば、算数や社会科の理解にも、日本語力が大切だ。

Example（具体例・データ）
（例）田中教授も、早期教育には懐疑的だ。（田中,1999）

Point（要点・結論）
（例）したがって、早期英語教育は不要だ。

- Reasonの部分では、「内容のカウント予告」がよく行われる

> （例）その理由は3つある。まず、……である。
>   次に、……である。そして、……である。

論文清書前のチェックポイント

▶ Step10（86ページ参照）

📝 論文の下書きができたら必ず見直しをしよう

　さあ、ようやく論文の下書きができあがりました。ていねいにアウトラインを作り上げたうえで文章にしたのですから、大幅な修正の必要はないはずです。それでも、初歩的なミスなどがないかどうか、必ず全体をチェックしてください。

　学問分野や論文に求められるレベルによって、評価基準に多少違いはありますが、次にあげる点は共通するものといえるでしょう。

📎 内容に関するCheck Point

❶序論（はじめに）
- [ ] とりあげるテーマの背景について述べているか
- [ ] 論証したい点についてわかりやすく提示しているか
- [ ] そのテーマをとりあげる重要性をしっかりと述べているか
- [ ] 目標規定文はわかりやすく簡潔にまとめられているか
- [ ] 本論の構成がきちんと予告されているか

❷本論
- [ ] 課題に要求される項目・内容が含まれているか
- [ ] 先行研究との関係が明確に示されているか
- [ ] データを得る方法は適切か
- [ ] データの量は十分か
- [ ] データの内容は主張の根拠としてふさわしいか

- □ 引用部分に引用の明示があるか
- □ データの無断引用やねつ造は行われていないか
- □ 事実と意見、他者の意見と自分の意見を区別できているか
- □ 自分の主張に対する反論を予想し、それにうまく対応しているか

❸結論（終わりに）

- □ 本論の内容を簡潔に振り返っているか
- □ 序論の問題提起にしっかり答えているか
- □ 解決できなかったことや今後の課題・展望を述べているか

構成やレイアウトに関するCheck Point

- □ 序論での予告と本論・結論の内容が対応しているか
- □ 章・節・項の記号の使い方に一貫性があるか
- □ 表題・章見出し・小見出しは内容を的確に表しているか
- □ 小見出しの数は適当か
- □ 章や見出し、注の番号に重複や脱落はないか
- □ 特殊な記号（絵文字など）を使っていないか
- □ 文字・見出し・図表は見やすい大きさになっているか
- □ 文字や記号の大きさや強調などの方針に一貫性があるか
- □ 適度な余白があるか（改行の頻度・行間・上下左右の余白など）
- □ ページ数の表示はあるか（3ページ以上ならつけたほうがよい）

　論文の内容が大切なことはもちろんですが、論文全体のレイアウトや文字の大きさのバランス、余白などの「見た目」の美しさも、重要な要素です。なお、引用のしかたについては、第7章で詳しく解説していますので、そちらを参照してください。

文章に関するCheck Point

❶パラグラフ
- [ ] 各パラグラフの頭1字分をあけているか
- [ ] 中心文を導入部に置いているか
- [ ] 1つの話題だけをとりあげているか
- [ ] 長くても400字前後になっているか

❷日本語表現
- [ ] 文体は常体(「…である」「…だ」調)に統一されているか
- [ ] 口語表現(話しことば)を使っていないか
- [ ] 誤字や脱字、間違った使い方の表現はないか
- [ ] 主語と述語は対応しているか
- [ ] 長すぎる文(1文が3行を超える)はないか
- [ ] 句読点は適切な位置に打たれているか
- [ ] ワープロの変換ミスはないか

❸文字や数字の表記(第7章参照)
- [ ] 句読点や閉じカッコ類が行頭にきていないか
- [ ] 漢字とかなの使い分けの方針に一貫性があるか
- [ ] 欧文と数字は半角になっているか(1文字なら全角でもよい)
- [ ] 形式名詞はひらがなで統一されているか

文章についても、読み手への配慮ができているかどうかが、論文の評価に影響してきます。1つの文が長すぎるとわかりにくいですし、誤字や脱字などが多いと、論文の内容や取り組んだ姿勢までいい加減だと思われます。細かい点にも、ぜひ気を配りましょう。

6 論文提出前の最終チェックポイント

▶ Step10（86ページ参照）

論文を清書したら、最終チェックをしよう

　下書き原稿に必要な修正を加えたら、いよいよ提出前の最終チェックです。まず、前項であげた各チェックポイントについて、確実に修正が行われているか、もう一度確認しましょう。

　そのうえで、完成した論文が、合格基準や提出条件を満たしているかをチェックしてください。また、使用する用紙の美しさや印刷の濃度などのマナーについても、配慮が必要です。また、論文の最後にある参考文献一覧も、忘れずにチェックしましょう。

合格基準やマナーに関するCheck Point

- ☐ 提出日・文字数・枚数などの指定は守られているか
- ☐ 論文の書誌情報はきちんと記入されているか（表題・所属学部と学科・学生番号・名前など）
- ☐ 提出方法は指示どおりか（メールか、印刷した紙での提出か）
- ☐ 使用する用紙やとじ方は指示どおりか（紙で提出する場合）
- ☐ その他の必要な条件を満たしているか
- ☐ 印刷の文字のかすれやミスプリント、ページの落丁などはないか

参考文献一覧に関するCheck Point

- ☐ 参考文献一覧の書誌情報に記載もれや誤りはないか
- ☐ 参考文献一覧の表記に一貫性はあるか（第7章参照）

完成したレポートの見本

最後に、10のStepによって完成したレポートの例を1つあげておきますので、参考にしてください。

20××年10月10日
海洋環境学(前期 月曜2限)
担当教員:石井一成

養殖の自家汚染と環境負荷をいかに軽減するか
― ゼロエミッション事業の事例から ―

○○大学　海洋環境学部1年
学生番号　1124-5678
氏名　　　山田翔太

Ⅰ. はじめに

　四方を海に囲まれた日本では、水産物は身近で重要な食料である。その中で、養殖漁業は漁業生産量全体のうち2割以上を占め、マダイ類で8割、ブリ類では7割が養殖であるなど、私たちは養殖魚介類を口にする機会が多い。しかし、近年養殖場の拡大、過密養殖などによって養殖場の環境は悪化しており、それによって慢性的な赤潮の発生や底質悪化などが引き起こされ、その生産量は横ばい状態であると知った。

　技術が進み、それに伴って生産が伸びるはずであるものが、なぜ期待に沿わない状況に陥ってしまっているのか。本稿では、養魚を中心とした養殖漁場の環境の現状を明らかにし、和歌山県水産試験場の取り組みを考察する。結論として、魚類・海藻などを同時に養殖する複合的養殖場の設置を推進すべきだと主張する。

　以下、Ⅱ-1及びⅡ-2では、養殖方法の異なる魚類養殖・貝類養殖から養殖場の汚染の実態、Ⅱ-3・Ⅱ-4では、汚染によって引き起こされる現象を明らかにする。Ⅲでは「ゼロエミッション事業」の概要と現状、Ⅳでは環境改善に向けての制度について、Ⅴでは複合的養殖場設置の推進を、結論として述べる。

Ⅱ. 養殖漁場の環境の現状
1. 漁場の自家汚染
　①魚類養殖
　　「自家汚染」とは、養殖魚介類が出す排泄物や残餌によって水質や底質が悪化し、結果的に漁場の生産性を低下させる現象である。特に、養殖場の魚類の養殖では給餌が必要であり、魚の総重量の倍ほど餌を与えなければならない。しかし、そのうち20～30%は残餌、魚の排泄物、代謝生産物などの形で海中に放出されてしまい[1]、汚染を引き起こしている。
　②貝類養殖
　　自然から飼料が供給される貝類の養殖では、自家汚染が引き起こされることはないかのように思われる。たしかにその養殖量が適度であれば、海の過剰な生産を適度に抑え、海水浄化の役割を

果たすことになる。しかし、養殖量が適切でなく、過密状態であると、貝類から大量の排泄物が排出されるため、底質の汚染へとつながるのである。

2. 汚染の指標

窒素・リンは、富栄養化の指標として用いられる[2]。海中に窒素やリンが大量に存在すると富栄養化が進み、植物プランクトンの異常増殖・赤潮などを引き起こす。

図1[3]は、魚類養殖場と貝類養殖場の窒素量・リン量をグラフで表したものである。貝類が窒素量・リン量ともに負の値を示しているのに対し、魚類では貝類に比べて両方の物質が大量に海中に存在し、汚染が進んでいることがわかる。

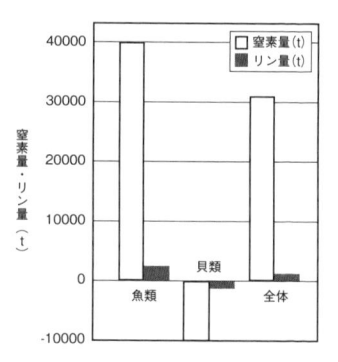

図1 海面養殖による環境負荷(全国)[3]

3. 底質の汚染

底質の悪化は、溶存酸素量を低下させ、低酸素水を作り出すとともに、最終的には底生生物群集の崩壊・死滅へとつながる。養殖場で排出された有機物は、水中で分解作用を受けながら沈降し、分解しきれなかったものは海底へ堆積する。堆積した有機物の分解には大量の酸素が必要となるため、底層の溶存酸素量は減少していき、酸欠の状態になり、低酸素水が合成される。すると、好気性微生物に替わり、嫌気性微生物の代謝が進み、硫化水素などの物質が放出される。低酸素水はとくに底層の温度・酸素濃度が低く、塩分が濃くなる夏季に形成されやすい。また、酸欠状態であるため、底生生物は生育が困難となり、溶存酸素量が海水1ℓあたり1mℓまで減少すると、ほとんどすべての種は生存できなくなり[4]、その一帯に無生物域が形成されることになる。

4. 青潮

底層に溜まった硫化水素を含む低酸素水塊は、秋季に水温の変

化によって底層と表層の水がかき混ぜられることで、表層に上昇する。その過程で、硫化水素は硫黄細菌の作用で還元され、硫黄コロイドになる。硫黄コロイドは色が青いため、海水が青色に見える青潮という現象が起こる。青潮は毒性があるため、生物の大量死を招くことがあり、水産業に被害をもたらしている。

Ⅲ. ゼロエミッション事業

これまで述べてきたように、養殖場の環境改善には有機物の処理が重要となっているが、従来の養殖方法では、残餌や養殖されている生物の代謝生成物はそのまま排出され、有機物の分解は海中の浄化作用に任されていた。しかし、和歌山県水産試験場増養殖研究所[1]では、生物の食物連鎖を利用した複合養殖試験「ゼロエミッション(廃棄物ゼロ)事業」に取り組んでいる。この事業では、養殖場内で有機物の循環を完結させる方法をとり、有機物を自然の生態系内になるべく排出しない養殖方法をとっている。

1. 養殖方法

図2は、同研究所が行っている試験場の構造を模式化したものである。主として養殖するのは魚類で、サポート的な役割として海藻類、貝類、ナマコ類を同時に養殖している。魚類の代謝生成物、残餌から溶け出す窒素やリンを吸収する海藻類を、魚類を養殖する網の上部で生育させ、その生育した海藻を餌として、貝類の養殖をする。そして、貝類の排出物などをナマコ類が食べる。このように栄養段階の異なる種を同じ場で育てることで、自然の生態系での食物連鎖に近づけ、有機物の排出を抑えるという仕組みである。

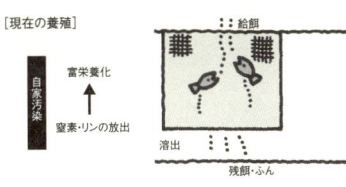

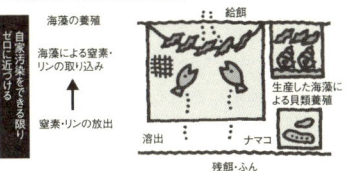

図2 ゼロエミッション事業による複合養殖
[※文献1)を元に作図]

2. 現時点での状況

　この試験は2002年9月から開始され、ゼロエミッションの考えに賛同した和歌山、大分、熊本の3県が国から委託され、それぞれ年約800万円の予算で、5年間の計画で実施されている。まずはじめの試験では、魚類のマダイと海藻のアオサ、アオサと貝類のサザエやウニ類のアカウニをそれぞれ3m四方の網を張った生け簀2つに養殖し、生け簀での養殖が難しいナマコは、実験の過程を見てから実施するとしている。また、貝類やナマコ類を網の中で養殖することは、波の影響をまともに受けるために難しく、夏場に水温の上昇によってナマコの活動が鈍くなり、魚類や貝類の排出する有機物を食べなくなるといった問題も指摘されている。同研究所は、波の影響を受けにくい網の利用や、高水温に耐えられる南方系のナマコなどの利用も考え、実験を進めている。

3. 今後の取り組み

　以上、ゼロエミッション事業のこれまでの動きを見てきた。現在はまだ試験段階であるが、2004年1月に行われた、実験で育てたアワビの測定では、出荷可能なサイズまであと半年という大きさにまで成長したという報告や、藻類はアオサ・ワカメとの組み合わせで最もよい結果が得られたなど、成果が出てきており、徐々に実用化へのめどがつけられている。しかし、実験を実施しているのは和歌山県であり、より北方もしくは南方の地域では水温などの条件が異なる。したがって、同じ方法で同様の成果が得られるとは限らないので、環境条件の異なる他の研究所などとも共同で研究を進めていくべきだ。そのためには、まず和歌山の研究所の試験で充分な成果やデータが得られることが必要であり、よりよい結果が期待される。

Ⅳ. 環境改善へ向けての動き

1. 持続的養殖生産確保法[5]

　平成11年5月21日に公布され、平成12年4月1日から施行されている持続的養殖生産確保法は、「漁業協同組合等による養殖漁場の改善を促進するための措置及び特定の養殖水産動植物の伝染性

疾病のまん延の防止のための措置を講ずることにより、持続的な養殖生産の確保を図り、もって養殖業の発展と水産物の供給の安定に資することを目的とする」法律である。この法律は環境保全の目的の1つとして、養殖場を汚さないような給餌方法を求めている。この公布により、ドライペレットやモイストペレットの使用が近年主流化し、成分や品質の管理が厳重になったことや、農協などでそれぞれの養殖漁場の実態に則した環境管理に必要な指標の設定や、漁業者にも簡単に測定できる測定方法の開発が行われるなど、効果をあげている。

2. 考察

本制度では、溶存酸素量や底生生物の有無などの基準を設け、漁場環境だけでなく、日常の給餌などの作業の監視やその現状を把握し、報告することが義務付けられている。しかし、現場からはより簡易な方法が求められており、現場においてうまく機能していない側面もある。環境改善は長い視野で取り組むものであり、養殖場の管理者側が継続して行えるような方法に改善されることが望ましいが、ただ規制を緩和するだけでは意味がない。現在は水産庁を中心に再検討が行われているが、法令と実践の兼ね合いについては充分な考慮が必要である。

V. 終わりに

以上、本稿では養殖場の汚染の実態と、関連する研究や法令などの動きを見てきた。われわれの食生活に関して重要な位置を占める養殖業であるが、養殖場はその内部だけでなく、周辺の環境にも影響を及ぼすため、大量に生産し、ただ生産量を上げていけばよいというわけにはいかない。現在、本稿で例にあげた方法以外にも、環境に配慮した養殖方法の研究が進んでいる。現状回復だけでなく、将来にわたって持続可能な養殖業を営んでいくためにも、その管理や環境改善などの対処は管理者に当然求められるものであり、積極的に取り組むべき問題である。

参考文献

1) 紀伊民報AGARA　http://www.agara.co.jp/index.html 紀伊民報AGARAフラッシュニュース(20××年9月8日アクセス)

2) 環境GIS　http://www-gis.nies.go.jp/　水質汚濁物質について(20××年9月8日アクセス)

3) 環境機能工学　村上・竹内研究所　http://www.ube-k.ac.jp/~volnteer/MT_jpn/index.html　文部科学省研究費特定領域研究「水産養殖における物質フローの解析とゼロエミッション化」海面養殖による環境負荷の実態調査(20××年9月8日アクセス)

4) 日本水産学会編(1973)『水圏の富栄養化と水産増養殖』(水産学シリーズ1)恒星社厚生閣

5) Web法令データ提供システム「持続的養殖生産確保法」http://law.e-gov.go.jp/cgi-bin/idxsearch.cgi（20××年9月8日アクセス）

6) 日本水産学会編(1977)『浅海養殖と自家汚染』(水産学シリーズ21)恒星社厚生閣

7) 渡辺競編(1990)『海面養殖と養魚場環境』(水産学シリーズ82)恒星社厚生閣

＊上記の参考文献一覧では、「文献注」の方式を使っています。序論・本論・結論のなかで引用や文献の紹介を行った部分に1)、2)、3)…と番号をふり、その順番どおりに一覧にするスタイルです。

＊このレポートは東京海洋大学の学生が作成したものを一部改変しており、内容の妥当性は保証の限りではありません。また、参考文献の表記については、本書の説明と一部異なる部分があります。

第6章のまとめ

◆ **文アウトラインの作り方** ▶ 124ページ参照
- 箇条書きや単語だった内容を、1〜2行の文にする
- 章の数や詳しい内容を決める
- 章見出しをつけ、節や項に分けて小見出しを加える
- データの位置や疑問点を書き込む
- 目標規定文と本論の展開が一致しているか、確認する

◆ **アウトラインの完成** ▶ 128ページ参照
- 資料の読み込みや調査、考察を終える
- データの表示方法を確認する
- 引用・参考文献を確認する
- 表題(タイトル)を正式決定する

◆ **パラグラフ形式での文章化** ▶ 132ページ参照
- 1区切りの文章で1つの話題とその説明を述べる
- アウトラインの文に説明や具体例を加えて文章化する

◆ **論文にふさわしい文章のポイント** ▶ 134ページ参照
- 正確でわかりやすい文章にする
- 客観性のある文章にする
- PREP法で説明する

◆ **論文清書前の見直し** ▶ 142ページ参照
- 内容(序論・本論・結論)
- 構成やレイアウト
- 文章(パラグラフ・日本語表現・文字や数字の表記)

Column

「あいまいな表現」には要注意！

論 文を読んでいると、「われわれ日本人は…」「欧米では…」などの表現がよく見られます。しかし、ひと言で「日本人」といってもさまざまな人がいますし、「欧米」にもさまざまな国が存在します。物事をひとまとめにして述べると、焦点がはっきりしなくなり、誤解を招く表現になりがちです。

「現代は科学技術の時代だ」のような「時」を示すことばは、使用する際に注意が必要です。「今」や「昔」ということばも、どの時点を指すのか、読み手にはよくわかりません。

また、形容詞の一部は使う人の主観に左右され、人によって意味する範囲や程度が違います。「大きい／小さい」「長い／短い」「おいしい／まずい」などの表現を考えると、よくわかるでしょう。身長160センチの人が170センチの人を「大きい」と思ったとしても、180センチの人は「小さい」と感じるかもしれません。ある人についての「かわいい」という表現を、外見の印象について使う人もいれば、「性格に好感がもてる」という意味で使う人もいるでしょう。

このように、複数の解釈ができる表現を使うと、意図が正確に伝わらなくなるので、注意が必要です。たとえば、ただ「甘い」というのではなく、「糖度13%のメロンくらいの甘さ」のように数値情報や具体例を添えると、意味が明確になります。「赤いかごの鳥」は、赤いのが「かご」と「鳥」のどちらか、修飾関係をはっきりさせるために、「赤いかごの中にいる鳥」または「かごの中にいる赤い鳥」などと書き換える必要があります。

第7章

知っておきたい表記や引用のルール

論文の信頼度を高めるためには、日本語表記のルールを守り、正しい方法で引用を行う必要があります。同音異義語や漢字で書く語・ひらがなで書く語、論文で使うべきではない文語表現・重複表現・俗語・差別用語、数字・欧文・外来語の書き方、句読点や中黒の打ち方、記号類の使い方について、正しい知識を身につけましょう。参考文献一覧の作り方についても、基本を理解しておきたいところです。

1 日本語表記上のルール

2 先行研究などの引用の基本

3 参考文献一覧の作り方

4 自分の意見を効果的に主張する引用方法

1 日本語表記上のルール

日本語表記に気を配れば、論文の信頼度が高まる

　出版物では、文字や数字などの表記、読点や記号の使い方が、ある程度決められています。使用する日本語に気を配ることは、論文の説得力や信頼度を高めることにつながります。

　また、日本語表記についての知識を身につければ、社会に出てビジネス文書を作成する際にも、必ず役に立つでしょう。代表的な決まりごとについて解説しますので、しっかり覚えてください。

❶同音異義語・同訓異字

　日本語には、同じ読み方でも意味の違う**同音異義語・同訓異字**が多いという特徴があります。ワープロソフトは、辞書を引かなくても漢字に変換できて便利ですが、間違った漢字を気づかないまま使ってしまう危険性も大きいものです。適切な漢字になっているか注意をはらい、誤変換がないか、必ず確認しながら書きましょう。

注意が必要な同音異義語・同訓異字

読み方	書き方	意味・用例
しこう	思考	考えること→感情と思考
	志向	心が何かを目指すこと→顧客志向
	指向	ある方向を目指すこと→オブジェクト指向
あう	合う	1つになる、一致する→計算が合う
	会う	対面する→人に会う
	遭う	予想できない物事にあう→災難に遭う

たいしょう	対象	行為などの目標→観察の対象
	対照	比べること、違いが目立つこと→比較対照実験
	対称	つりあうこと→左右対称
しょくりょう	食料	食べ物一般→食料品
	食糧	穀類などの主食物→食糧問題
あらわす	表す	表面に出す→ことばに表す
	現す	隠れているものが見えるようになる→姿を現す
いし	意思	考え、思い→意思の疎通、意思表示
	意志	こころざし、意向→意志が強い
かいとう	回答	要求や質問に対する答え→アンケートへの回答
	解答	問題に対する答え→入学試験の解答
かえる（かわる）	代える（代わる）	代理をする（代用）→父に代わって訪問する
	変える（変わる）	以前と違ったものになる（変化）→季節が変わる
	替える（替わる）	前のものがやめて新しいものになる（交替）→社長が替わる
	換える（換わる）	あるものをほかのものと取りかえる（交換）→物を金に換える
とる	取る	つかむ、握る→手に取る
	撮る	撮影する→写真を撮る
	採る	採用・採決する→社員を採る
	捕る	動物をつかまえる→ネズミを捕る

第7章 知っておきたい表記や引用のルール

❷漢字で書く語・ひらがなで書く語

　あることばを「漢字で書くか、ひらがなで書くか」は、判断が難しいものです。とくに論文の場合は、「知的な文章にしたい」という意識が強くなりすぎ、必要以上に多くの漢字を使いがちです。漢字が多すぎると読みにくくなりますので、注意しましょう。

　日本語には、「大体（だいたい）」のように漢字でもひらがなでも書ける語や、「沢山（たくさん）」のような当て字、「知悉（ちしつ）」のような難読語など、さまざまな漢字表現があります。

　これらのうち、**当て字については、原則として使わないようにします**。また、**難読語は、できるだけ別の表現に書き換えたり、（　）の中に読みがなを示したりする**工夫が必要です。たとえば、「知悉」は「事情を知悉（ちしつ）する」でもよいのですが、「事情を知り尽くす」などと書き換えたほうが、よりわかりやすくなります。

　それでは、漢字でもひらがなでも書ける語については、どう考えればよいでしょうか。漢字については、一般の社会生活で使用する目安となる、「常用漢字」が定められています。また、広い読者層を想定している新聞などの出版物では、漢字やかなの表記について、一定の基準を設けています。論文についても、**常用漢字の使用を基本としながら、出版物の表記を参考にする**とよいでしょう。

　ただし、学問分野によっては、独自の専門用語があります。別の表現への書き換えが不可能な場合や、常用漢字での表記が不適切な場合もありますので、指導教員の指示や学会の慣習にしたがってください。論文では、一般の出版物よりも漢語が好まれる傾向があります。「学問や教育の場ではできるだけ高尚な漢字を使うべきだ」と考える教員もいます。適度なバランスを考えることが大切です。

　一般的な出版物では、「…ということ」「…するとき」のような形式名詞のほか、かな書きが適当だとされていることばがあります（次ページ参照）。

かな書きにすることば

漢字を使用した表記	出版物での一般的な表記
…という事	…ということ
…する時	…するとき
…の為に	…のために
…の内に	…のうちに
或いは	あるいは
然し	しかし
又	また
更に	さらに
但し	ただし
若しくは	もしくは
尚	なお
何故	なぜ
如何に	いかに
…して置く	…しておく
…して行く	…していく
…と言う+(名詞)	…という+(名詞)
…する様に	…するように
…迄	…まで
…等	…など

*新聞や雑誌での一般的な表記は上の表のようになっているが、法律の条文や文学作品、学術論文では漢字で表記することも多い。それらの文章をレポート・論文中で引用する場合は、原文のまま表記する

第7章 知っておきたい表記や引用のルール

❸文語表現

158ページで、「難読語はできるだけ別の表現に書き換える」と述べましたが、文語表現についても同じことがいえます。次のようなことばは、現代的な表現に書き換えたほうがよいでしょう。

書き換えが必要な文語表現

- いずこ → どこ
- 主なる、主たる → 主な
- ○○のごとき、○○のごとく → ○○のように（ような）
- ○○らしき → ○○らしい
- ○○いかんで → 次第で
- よもや → まさか
- かかる問題を考慮し → このような問題を考慮し

❹重複表現

同じ意味のことばを重ねて使う重複表現は、よく見られる間違いです。正しい表現の例を紹介しますので、注意してください。

重複表現と正しい表現

×被害を被る → ○被害に遭う
×従来から → ○従来、以前から
×約数百の → ○数百の
×毎週月曜日ごとに → ○月曜日ごとに、毎週月曜日に
×今の現状 → ○現状
×まだ未完成の → ○未完成の

❺俗語など

「俗語」とは、くだけた場面だけで使われることばです。また、特定のメンバーや限られた集団で使われることばを「隠語」といいます。**俗語や隠語、流行語は、特定の人々や時代にしか共有されないため、論文では基本的に使わないようにしてください。**

たとえば、「学食」は「学生食堂」、「バイト」は「アルバイト」、「ケータイ」は「携帯電話」と書きます。「超…」「やばい」「マジ」などと書いてはいけないことは、言うまでもありません。

❻差別用語

そのほかの使ってはいけないことばに、「差別用語」があります。新聞などの公的な出版物では、使用が禁止されている表現や、男女差をなくすために書き換えが必要な表現について、一定の基準を設けています。論文を書くうえでも、知っておいたほうがよいでしょう。

書き換えが必要な差別用語

- 百姓、農夫　→　農家の人、農民、農業従事者
- 漁夫　→　漁民、漁船員
- 町医者　→　開業医
- 保母　→　保育士
- 看護婦　→　看護師
- 外人　→　外国人
- ジプシー　→　ロマ人（または先住民族）
- エスキモー　→　イヌイット（または先住民族）
- めくら　→　目が不自由な人（視覚障がい者）
- つんぼ　→　耳が不自由な人（聴覚障がい者）

❼数字

　横書きの場合は、通常アラビア数字（1、2、3…）を使います。最近は、**縦書きでもアラビア数字を使う**ことが増えてきました。1ケタの場合は全角で、2ケタ以上なら半角で表記します。ただし、固有名詞・熟語・慣用表現中の数字は、漢数字にします。

　なお、「一つ」「二つ」や「第一に」「第二に」などは、原則として漢数字を使いますが、最近はアラビア数字を使って、「1つ」「2つ」や「第1に」「第2に」のように表記する例も見られます。どちらでもかまいませんが、1つの論文内ではどちらかに統一します。

❽欧文

　欧文は半角で表記するのが基本です。欧米の専門用語や固有名詞は、「日本語（原語）」という形で表記するとよいでしょう。たとえば、「エンプロイアビリティ（employability）」「雇用され得る能力（employability）」のようにします。

❾外来語

　外来語の表記については、文化庁のホームページ「国語施策情報システム」(http://www.bunka.go.jp/kokugo/)の「国語表記の基準」の中で、「外来語の表記」として公開されています。一般の社会生活で現代日本語を書き表すための、よりどころを示すものです。

　外国の地名や人名については、できるだけ原語の発音に近い表記が望ましいとされますが、原語とは違う発音でも、カタカナ語として一般的に定着したものもあります。「外来語の表記」の第1表には「一般的に用いる仮名」が、第2表には「原音や原つづりになるべく近く書き表そうとする場合に用いる仮名」が示されています。

　外来語には表記が統一されているものもありますが、2とおりの表記が認められているものもあります（右ページ参照）。そのような語はどちらの表記を使ってもかまいませんが、同じ論文の中では、必ずどちらか一方に統一するようにしてください。

アラビア数字と漢数字の使い方

アラビア数字
一般的な数字（2ケタ以上は半角）
（例）平成2年、1964年

漢数字
固有名詞・熟語・慣用表現中の数字
（例）三振、五重の塔、九州と四国、一酸化炭素、百年戦争
　　　一般には、○○の一環として、十中八九　など

2とおりの表記がある外来語

（文化庁HP「国語表記の基準」をもとに作成）

エルサレム イェルサレム	ギリシャ ギリシア	グアテマラ グァテマラ
ヒンズー教 ヒンドゥー教	ビーナス ヴィーナス	バイオリン ヴァイオリン
ストップウオッチ ストップウォッチ	インタビュー インタヴュー	レビュー レヴュー
コンピューター コンピュータ	エレベーター エレベータ	ビバルディ ヴィヴァルディ

＊工学系の分野では「コンピュータ」のほうがJIS規格に採用されており、慣習になっている

Advice

文化庁ホームページでは、ほかにも「現代仮名遣い」「常用漢字表」「送り仮名の付け方」「ローマ字のつづり方」について、基準が示されています。表記について迷ったら、参照するとよいでしょう。

第7章　知っておきたい表記や引用のルール

❿句読点

句読点の組み合わせ方は、主に「、／。」「，／。」「，／．」の3種類で、学問分野によって異なります。慣例に従い、また同じ論文の中では、統一するようにしてください。

読点「、」「，」の打ち方に関して、統一されたルールはありません。文章を読みやすくし、意味の取り違えを防ぐために、意味の切れ目に打ちます。あまり多すぎても、かえって読みにくくなります。

次の表に示す基準を参考に、臨機応変に判断してください。

読点の打ち方

❶ 主語(主題)の後ろ
(例)この著者は、環境問題に熱心に取り組んできた。

❷ 接続詞(しかし、さらに、また、したがって、など)の後ろ

❸ 条件を示す文節(…のときは、…ので、…ならば、…の場合は、…の際、…など)の後ろ

❹ 1つの文に複数の述語がある場合
(例)…たり、…たりした。
　　…をとりあげ、…を考察した。
　　…ではなく、…である。

❺ 同じカテゴリーの語句を対等に並列する場合
(例)うどん、そば、スパゲティなどの麺類は…

❻ 引用文を受ける「と」の前
(例)……である、と筆者は述べている。

❼ 漢字同士が隣接する場合や、複数の解釈がなされる場合
(例)来年、景気は回復するはずだ。
　　昔、話を聞いたことがある。／昔話を聞いたことがある。

⓫中黒(中点)

「なかぐろ」「ぽつ」などと呼ばれます。名詞を並べる場合や、外来語の表記に使います。ただし、定着していない外来語に関しては、中黒をつけるかどうか、判断が分かれる場合もあります。長い単語で、中黒がないと読みにくい場合は、つけたほうがよいでしょう。

中黒の打ち方

1 同格の名詞を並べる場合
(例)米・中・韓の各国は、連絡・協議を行った。

2 外国人名をカタカナ表記する場合
(例)バラク・オバマ
　　　マリリン・モンロー

3 2語以上で構成される外来語や外国の地名
(例)インフォームド・コンセント
　　　ケース・バイ・ケース
　　　バーチャル・リアリティ
　　　トリニダード・トバゴ

4 名前と肩書きなど、単語の区切りをはっきりさせたいとき
(例)田中・准教授
　　　新・日本紀行

5 漢数字で日付や時間、小数を表す場合
(例)二・二六事件
　　　最高気温三五・六度
　　　(主に縦書きの場合)

⓬単位記号

出版物では単位をカタカナで表記するのが原則ですが、論文で数字とともに表す場合は、記号を使います。ただし、「単位はメートルに換算する」のように文中で前に数字を置かずに使う場合は、カタカナで表記します。

> (例)パーセント→％　　メートル→m　　キログラム→kg
> 　　セ氏温度→℃

⓭カッコ類

論文中でよく使うのは、「」(カギカッコ)、『』(二重カギカッコ)、( )(カッコ、パーレン)などです(使い方は次ページ参照)。

ほかには、< >(山カッコ)、《 》(二重山カッコ)、{ }(中カッコ)、〔 〕(亀甲)などが使われます。これらは、語句や表現を強調する場合や、( )の中の一部をさらに強調したい場合に使います。ただし、カッコ類をあまりいくつも重ねて使うと、かえってわかりにくくなります。同じ文の中では、3つ以上重ねないことをおすすめします。重ね方には、「『』」や(〈 〉)などがあります。

⓮リーダー

文学作品では、「あれから、20年……」のように余韻を表す場合などに使いますが、論文の中では、次の2つが主な用法です。カッコとリーダーの組み合わせは、引用の表現でよく使われます。

> ● 文の一部やサンプルの残りを省略する
> 　(例)「…だろう」「…に違いない」などは推量の文である。
> 　　　N = {1,2,3,…}
> 　　　金融機関(都市銀行、信用金庫、…)
> ● 図や表で項目と項目の関係を示す
> 　(例)はい……5人／いいえ……12人／どちらでもない……2人

カッコ類の使い方

「 」 カギカッコ

- **語句の強調や注意の喚起**
  (例)主人公は、いわゆる「中流家庭」に育った。
- **文や語句の引用**
  (例)田中(2004)は、「短文は単文でもある」と述べている。
- **会話や発言**
  (例)「大丈夫か」と聞く彼に対し、彼女は「うん」とだけ答えた。
  「毎日食べる」または「よく食べる」と答えた人の割合
- **論文・記事・イベント・団体の名称**
  (例)「天声人語」「世界陸上競技大会」「日本船舶振興会」

『 』 二重カギカッコ

- **書名および新聞・雑誌名**
  (例)『現代の政治』『ニューヨーク・タイムズ』『ガーディアン』
- **映画名・演劇名・曲名・CDタイトル・番組名**
  (例)『影武者』『レクイエム』『NHK 7時のニュース』
- **会話や引用の「　」中の引用文や論文名など**
  (例)斉藤(1994)は、「田中弘著『レポートの組み立て方』において…」
  と述べている。

( ) カッコ

- **語句や文のあとの説明(補足・例・原語など)**
  (例)シェークスピア(1564-1616)　さくら銀行(現三井住友銀行)
  パーレン(parenthesis)
- **引用表記の出典**
  (例)(山田, 2004)　(田中, 2009, p.50)　(鈴木, 1996, p.112-113)

⓯ダッシュ

長さによって、半角・全角・二倍の3つに分けられます。

> ● 半角ダッシュ（ハイフン）…英単語の中や年代を示す場合
> 　（例）state-of-the-art　シェークスピア(1564-1616)
> ● 全角ダッシュ…対比や対になるものを表す場合
> 　（例）東洋－西洋　　東京－大阪　　　正－誤　　上位－下位
> ● 二倍ダッシュ…補足説明や書名のサブタイトル
> 　（例）『あいさつの研究──コミュニケーション論の観点から』

⓰波ダッシュ

期間やページ数などを示すときに、使います。「全角ダッシュ」を使う場合もあります。

> （例）明治時代(1868 〜 1911)　　45 〜 47ページ

⓱下線と傍点

強調したい部分や、注意を引きたい部分に使います。多用するとかえって効果が薄くなるので、「特にここを」という場合だけ、使用します。

> （例）英語を学ぶことではなく、英語で何を学ぶかが、重要だ。

⓲人名・機関名

論文では、研究者名などの人名を書く機会が多くあります。「田中（2009）」のように、出版物の著者として記述する場合や、理論の提唱者などを紹介する場合があります。

論文中に人名を書く場合には、一般に「〜先生」「〜様」などの敬称はつけません。ただし、「〜氏」や「〜教授」などは、よく使われます。初出の人名や機関名は省略せずに正式名称を使い、できれば出身・所属などの説明を加えると、わかりやすくなります。

たとえば、アメリカの哲学者・教育学者であるジョン・デューイについて、論文の中ではじめてとりあげる場合は、「ジョン・デューイ（John Dewey, 米国の哲学者・教育者）は…」、または「20世紀前半の米国を代表する哲学者であり、教育学者であるジョン・デューイ（John Dewey）は…」のように書きます。どこまで詳しく説明するかは、論文の読み手がだれであるかによっても異なります。2回目以後は、「前出のデューイは…」と簡略化してもかまいません。

　機関名や団体名についても、同じです。はじめてとりあげる場合は「国際連合安全保障理事会（以下、安保理）」のように正式名称を書き、2回目以降は「安保理」などと簡略化した名称にするとよいでしょう。

⓭略語

　略語や略称は、日常用語として定着し、正当な用法として広く認められている場合は使ってもかまいません。

　たとえば、UNESCOやWHOのように、国連の組織名をアルファベットで表したものです。また、「パソコン」や「Web」などの用語も、現在では一般的になっています。その略語が一般的に認められているかどうかは、「国語辞典に収録されているか」を目安に判断するとよいでしょう。

　ただし、一般には知られていなくても、その学問分野ではよく使われている略語もあります。また、同じ略語が複数の意味を持つ場合もありますので、注意しましょう。誤解が生じる可能性がある場合は、カッコ書きで説明を補足します。

＼Advice／

原則として論文では、疑問符（？）と感嘆符（！）は、引用する原文についている場合を除いて使いません。また、メールでの提出の場合は「文字化け」する可能性もあるので、記号や特殊文字などは、なるべく使わないようにしましょう。

2 先行研究などの引用の基本

引用のルールを守らないと評価が低くなる！

　第6章で、論文の文章では客観性が重視されること、そのためには、他者の意見と自分の意見を区別する必要があることを述べました。ここで唐突ですが、次の文章を見てください。

> 　わが国における年少人口(0～14歳)は、出生数の減少により、第2次世界大戦後、減少傾向が続き、1997(平成9)年には、老年人口(65歳以上)よりも少なくなった。平成20年10月1日現在、年少人口は1,717万6千人(総人口に占める割合は13.5%)であるのに対し、老年人口は2,821万6千人(同22.1%)となっており、ますます少子高齢化が進行している。

　この文章が、レポートにこのまま書いてあるとすれば、問題になります。問題点がどこにあるか、ここまで読んできた皆さんなら、すぐにわかるでしょう。そう、データの引用元が明示されていないことです。他者の調査結果を無断で掲載すると、論文としては「ルール違反」になってしまいます。

　このような論文を読むと、指導教員は次のように考えるでしょう。「これは一般常識レベルの知識ではないから、何かの本を読んで要約したんだろうな。統計情報も、どこかから持ってきたんだろう。でも、引用元が書かれていないから、内容が正しいかどうか、確認しようがない」……このように思われると、レポートの評価は低くなってしまいます。

　じつは、この文章は、内閣府平成21年版「少子化社会白書（概要）」

の一節です。このように引用元を明記せずに、他者の文章を論文中で使用すると、「剽窃(ひょうせつ)」とみなされます。欧米の大学では剽窃は厳しく処罰され、発覚した場合は単位がもらえないばかりか、退学処分というケースもあります。十分に注意してください。

「引用表現」で著者名や書名を明確にする

では、他者の文章を論文中で使用する場合は、どのような引用表現が必要でしょうか。まず、データをどこから得たかを示さなければなりません。たとえば、左ページ下線部の「平成20年10月1日現在、」は、「総務省『人口推計(平成20年10月1日現在推計人口)』によると、」のように、具体的に調査名を示す必要があります。

論文において、ほかの研究者の著書や論文から引用している部分があれば、「引用表現」によって、著者名・書名と引用内容を明確にします。また、引用のしかたには、原文の記述に「　」をつける「直接引用」と、原文の内容を要約する「間接引用」の2種類があります。次のページから、引用の原則について説明します。

引用表現の基本形式

❶ ○○は、「……」と ── 述べている／指摘している／主張している ……直接引用
（原文の記述）

❷ ○○によると、「……」である。……直接引用
（原文の記述）

❸ ○○は、……と述べている。……間接引用
（もとの文意を変えずに要約したもの）

＊○○には、人名(または書名)が入る

❶引用表現が必要な「報告された事実」かどうか判断する

　論文の記述内容は、「事実」と「自分の意見・主張」の2つに大きく分けられるといってよいでしょう。さらに、事実には**「公認された事実」**と**「報告された事実」**があります。公認された事実とは**「過去に起こった歴史上のできごとや自然現象、普遍的な真理」**であり、報告された事実とは**「ニュースなどで報告されたこと、調査・研究によって明らかになったこと」**です。引用表現が必要になるのは、主に報告された事実を引用する場合です。

　しかし、学問の世界において、公認された事実と報告された事実の区別は意外に難しいものです。たとえば、「地球は太陽の周りを回っている」という地動説は、だれもが知っている普遍的な真理、つまり常識ですから、一般的には、コペルニクスが地動説を発表した書物の名前にふれる必要はありません。一方で、特定の文献で発表された、比較的新しい研究成果は、まだ普遍的な真理とはいえないので、報告された事実として引用表現をつける必要があります。

　ただし、一般的にはあまり知られていなくてもその学問分野では「常識」とされている事実を記述する場合は、引用表現が必要でないこともあります。学問分野の常識の範囲については、所属学科や指導教員の方針などによっても大きく違いますので、相談しながら、自分なりの判断力を身につけるようにしてください。

　引用する場合は、まず「必要な場合に、必要な分量だけ」引用することを意識しましょう。主役となるのは、引用した「事実」によって導かれる「自分の意見・主張」のほうです。引用が長すぎると、わき役である引用部分のほうが目立ってしまいます。

　また、前のページでも述べたように、引用する際には引用表現が必要です。それは、その記述が本当かどうか、読み手が引用元をたどって確認できるようにするためであり、自分の考察や意見と区別して、他者の調査や研究成果に敬意を払うためでもあります。

「事実」と「自分の意見・主張」の区別

論文の記述内容

- **事 実**

  ### 公認された事実
  - 過去に起こった歴史上のできごとや自然現象
  - 普遍的な真理

  ↓

  引用表現は不要

  ### 報告された事実
  - ニュースなどで報告されたこと
  - 調査・研究によって明らかになったこと

  ↓

  引用表現が必要（41ページ参照）

- **自分の意見・主張**
  - 事実をもとに、賛否・真偽・是非・正誤などを客観的に判断し、説明するもの（38ページ参照）

  ↓

  文末表現で事実と区別

  > 「…のはずである」「…と考える」
  > 「…と判断できる」「…ではないだろうか」
  > 「Aではなく、Bである」など

❷短い文を引用する場合

引用したい部分が1〜2行の場合は、「　」で囲んで、文中に埋め込みます。これを、**「直接引用」**といいます。「　」を使う場合は、漢字・かな等の表記も含め、引用元での記述をそのまま引用することが原則です（例1）。

引用する部分には、引用元の著者名・書名などの出典情報をしっかり明示しましょう。文末表現は、もとの文章のとりあげ方によって、「…と述べている」以外に、「…と主張している」「…と指摘している」「…と考察している」など、さまざまなものがあります（41ページ参照）。状況に応じて、使い分けてください。

● 1回目の引用

文中ではじめて紹介するときは、フルネームを紹介し、文末に（姓,刊行年）を書くとよいでしょう。たとえば、2005年に刊行された、田中一郎著『レポート・論文の書き方』という本の中から文章の一節を引用した場合は、本文中では次のように書きます。そして、論文の最後の参考文献一覧に、「著者名・出版年・書名・出版社名」の情報を、正確に記載します（178ページ参照）。

> （例1）田中一郎は、「論文のテーマを考えるには、まず『問題意識』を持つことです」と述べている。（田中, 2005）

● 2回目以降の引用

同じ著書から複数の引用が必要なら、2回目以降の引用は、文中で〈姓+(出版年)〉を紹介するだけでよいでしょう。

> （例2）田中(2005)は、「論文のテーマを考えるには、まず『問題意識』を持つことです」と述べている。
> （例3）田中(2005)は、「論文のテーマを考えるには、まず『問題意識』を持つことです(p.82)」と述べている。

例2では刊行年だけが書かれていますが、例3のようにページ情報も含めて書いたほうが、より正確になります。ページ情報は、〈「……ことです」(p.82)〉のように、「　」の外側に書く場合もあります。一般にレポートの場合は、ページ数まで記述する必要はありませんが、念のため、指導教員に確認するとよいでしょう。

また、次のように、要点をまとめて示す引用方法もあります。

> （例4）論文のテーマ設定には、「問題意識」が重要な役割を果たす。
> 〔田中(2005)など〕
> （例5）まず「問題意識」を持つこと(田中, 2005, p.82)が、論文のテーマを考える上で大切という意見が多い。

文献の引用元を別の場所で示したり、あとで補足的な説明をするときは、「注釈」を使います。具体例は、29ページや第6章の「完成したレポートの見本」（146～152ページ）を参照してください。

短い文の直接引用のポイント

1 引用したい部分を「　」で囲む

2 「　」の中は、引用元での記述のまま引用する

3 引用した文の前後に、著者名・出版年やページ情報を入れる

4 文末表現は引用の意図によって使い分ける

> 「…と述べている」　　「…と主張している」
> 「…としている」　　　「…と説明している」

❸長い文を引用する場合

引用したい部分が長い場合は、「　」で囲んで文中に埋め込むと、わかりにくくなってしまいます。そこで、そのまま引用するか、要約して引用するか、どちらかの方法を選びます。著者名・書名などの出典情報を明示すること、参考文献一覧に記載することは、短い文を引用する場合と同じです。

●直接引用

長くても引用する必要性があると判断した場合は、「直接引用」します。引用する文の前後を1行分あけ、さらに左側を2〜4字分あけて、引用元での記述のとおり引用します。

> (例6)
> 　次にあるのは、私が指導した学生が、実際に書いたものを修正した文である。
>
> ↕1行分あける
>
> 　　　裁判員制度は、欧米諸国では陪審員制度や参審制という名のもとに、すでに実施され、定着しているが、裁判官、弁護士、検事らと〔…中略…〕、どんなに知識と能力があったとしても、かなり敷居が高い行為であるし、生半可な気持ちでは務まらない仕事である。(石井, 2010, p.7)
>
> （2〜4字分 左側をあける）
>
> ↕1行分あける
>
> この文は、とても長く、意味もあいまいであり、よく読まないと内容がわかりにくい文になっている。

●間接引用

表現を変えても文意は伝わるという場合は、要約して簡潔にまとめて引用します。この形式は、「間接引用」と呼ばれています。もとの文章を、より短い文やキーワードで言い換えるのがポイントです。たとえば、下の例のように、事例を紹介する、内容を要約して

紹介する、先行研究の存在を序論などで紹介する、という方法があります。

> (例7)石井(2011)では、わかりやすい説明の例として「PREP法」を紹介している。(p.140) ← 事例の紹介
> (例8)前述の石井(2011)は、論文において、わかりやすさと客観性を強調している。← 内容の要約
> (例9)この問題の取り組みとしては、田中(1999)、山田(2004)の研究があげられる。← 先行研究の紹介

引用する際は、文章の長さやバランスに気をつけて、引用方法を使い分けることが大切です。参考文献一覧への記載のしかたについては、次ページで説明します。

長い文の引用のポイント

直接引用
1. 著者名・出版年を明示する
2. 引用する文の前後を1行分あけ、さらに左側を2〜4字分あける
3. 引用元での記述のまま引用する
4. 引用文の最後に文献情報を入れる

間接引用
1. 引用したい部分を要約して簡潔にまとめる
2. 著者名・出版年・ページ情報を明示する

3 参考文献一覧の作り方

参考文献一覧を論文の最後に添付する

　本文で引用を行った場合は、論文の最後に参考文献一覧を書くことになっています。人文社会系の例を、1つ紹介しましょう。なお、学問分野や指導教員、学術雑誌によって表記のルールが違うので、必ず確認してください。

❶図書
- 〈**著者名（編者名）→出版年→図書名→出版社名**〉の順に書く
- 図書名は『　』で、シリーズ（叢書）の場合はその名称を（　）で囲み、副題の前にはスペースか二倍ダッシュを置く
- 出版年は西暦で、（　）内に半角で書く
- 著者や編者が二人以上の場合は、間に中黒（・）を打つ
　または、「石井一成（他）」のように代表者名に（他）をつける
- 翻訳書籍の場合は、著者名（編者名）をカタカナで書き、その後ろに翻訳者名を加える
- 2行以上になる場合は、2行目以降の行頭を1～2字分下げる

（例）
　　木下是雄(1994)『レポートの組み立て方』（ちくま学芸文庫）筑摩書房
　　戸田山和久(2002)『論文の教室　レポートから卒論まで』（NHKブックス954)日本放送出版協会
　　菊田千春・北林利治(2006)『大学生のための論理的に書き、プレゼンする技術』東洋経済新報社
　　大島弥生・池田玲子(他)(2005)『ピアで学ぶ大学生の日本語表現——プロセス重視のレポート作成』ひつじ書房
　　ドーア，ロナルド著，山之内靖・永易浩一訳(1987)『イギリ

> スの工場・日本の工場──労使関係の比較社会学』筑摩書房

❷図書に収録されている論文や章の一部

- **〈論文の筆者名→出版年→論文（または章）のタイトル→図書の著者名（編者名）→図書名→出版社名→論文（または章）の該当ページ〉**の順に書く
- 図書名は『 』で、論文（または章）のタイトルは「 」で囲む
- 出版年は西暦を（ ）内に半角で書く
- 論文（または章）の筆者が二人以上の場合は、間に中黒を打つ
- 収録図書の表記は❶（左ページ）に準じる
- 論文（または章）の該当ページは半角で書く
- 該当ページが複数になる場合は、ページ数の前に半角でp.をつけ、始まりのページと終わりのページをハイフン（-）でつなぐ

（例）
> 村上知子(1994)「第2章　文献資料の収集」田代菊雄編『大学生のための研究の進め方・まとめ方』大学教育出版　p.13-25
> 白井利明(2008)「第3章　論文の書き方」白井利明・高橋一郎著『よくわかる卒論の書き方』ミネルヴァ書房　p.48-69
> 水田洋(1996)「ヨーロッパ近代思想の導入」歴史学研究会編『講座世界史7巻　「近代」を人はどう考えてきたか』東京大学出版会　p.11-50

❸専門雑誌・紀要などに掲載されている論文

- **〈筆者名→発行年→論文のタイトル→雑誌・紀要名→巻数（vol.）→号数（No.）→論文の該当ページ〉**の順に書く
- 該当ページは、p.を省略して13-15のように書く場合も多い
- 雑誌名は『 』で、論文のタイトルは「 」で囲む
- 雑誌名の後に、カンマ（,）を入れ、雑誌の巻数と号数を書く（巻数はvol.、号数はNo.とも表記される）
- 号数は半角の（ ）で囲む

(例)
> 梅津彰人(1995)「キャンパスの文章－Ⅲレポート」『国文学解釈と教材の研究』, 40 (2), p.68-70
> 石井一成(2005)「小論文作成授業へのフレキシブルラーニング環境作りの試み」『NIME研究報告』, (7), 90-103
> 亀山虎三郎(1981)「ハムレット──異文化の目を通して」『東洋大学紀要』, (20), 79-120.
> 西谷まり・松田稔樹(2003)「ベトナム人日本語学習者の外国語不安」『一橋大学留学センター紀要』, (6), 57-73

❹新聞記事

- **〈「記事名」→『新聞社名』→朝刊／夕刊→発行年月日→ページ数〉** を最低限の情報として書く
- 参考文献一覧ではなく、本文の中で注として書く場合もある

(例)
> 「代替フロン　温暖化を助長」『朝日新聞』夕刊　20XX年2月17日　p.3

❺ホームページ

- **〈Webサイトの運営団体→記事のタイトル→URL→参照した日（アクセス日）〉** の情報を書く
- Webからの引用に指導教員が否定的な場合は、引用を控える

(例)
> 論文作成コーチング・ラボ　　http://www.ronbunlabo.jp/　20XX/11/12

　以上のように、参考文献一覧の書き方はかなり複雑で、学問分野ごとに違うので、慣れるまでに時間がかかるでしょう。はじめは、指導教員に助言を求めるか、大学図書館の司書に相談してください。主な大学の図書館には、参考文献一覧の書き方についての資料がありますので、参考にすることをおすすめします。(Web『日本語学習支援サイト』「OWL　第5章引用・参考文献」および法政大学図書館資料〔右図〕参照)

大学図書館で紹介している参考文献の書き方例

(法政大学図書館HPより)

法政大学図書館作成

★ 参考文献・引用文献の書き方 ★
― 日本語文献編 ―

記載場所について

★参考文献:論文の最後に著者名の「あいうえお」順に記載する。
★脚注:頁下、章末、あるいは論文の最後のいずれかに記載する。
★文中注:論文の中で記載する。

1. 単行本

(1) 著者1人の場合

参:中山眞彦著 (1995)『物語構造論』岩波書店
脚:中山眞彦著 (1995)『物語構造論』(岩波書店)、125 頁
中:(中山、1995、125 頁)

凡例
参:参考文献
脚:脚注
中:文中注

(2) 著者2人の場合

参:小池和男・猪木武徳編 (1987)『人材形成の国際比較―東南アジアと日本―』東洋経済新報社
脚:小池和男・猪木武徳編 (1987)『人材形成の国際比較―東南アジアと日本―』(東洋経済新報社)、55-57 頁
中:(小池と猪木、1987、55-57 頁)

(3) 著者3人以上の場合

参:佐久間康夫・中野葉子・太田雅孝著 (2002)『概説イギリス文化史』ミネルヴァ書房
脚:佐久間康夫・中野葉子・太田雅孝著 (2002)『概説イギリス文化史』(ミネルヴァ書房) 71 頁
中:(佐久間他、2002、71 頁)

2. 翻訳書の場合

(1) 著者1人の場合

参:ドーア、ロナルド著、山之内靖・永易浩一訳 (1987)『イギリスの工場・日本の工場―労使関係の比較社会学―』筑摩書房
脚:ロナルド・ドーア著、山之内靖・永易浩一訳 (1987)『イギリスの工場・日本の工場―労使関係の比較社会学―』(筑摩書房)、235 頁
中:(ドーア、1973=1987、235 頁)

(2) 著者2名の場合

参:スミス、ヘレン、ヒラリー・ブラウン著、中園康夫・小田兼三監訳 (1994)『ノーマリゼーションの展開―英国における理論と実践―』学苑社
脚:ヘレン・スミス、ヒラリー・ブラウン著、中園康夫・小田兼三監訳 (1994)『ノーマリゼーションの展開―英国における理論と実践―』(学苑社)、103 頁

(以下略)

＊ここにあげたものは、参考文献の書き方の1つの例です。学問分野によって書き方は異なりますので、注意してください。

4 自分の意見を効果的に主張する引用方法

自分の立場によって引用のしかたは変わる！

　最後に、引用文を効果的に使って、自分の意見を主張する方法を考えてみましょう。次にあげるのは、大学生のレポート・論文でのことばの使い方に関する、2つの異なる主張です。

> ①多くの国民にとって、まだまだ漢語は外国語である。そのため使い慣れない漢語をたくさん使うと、どうもしっくりこないという感覚になる。（小笠原，2002，p.205）
> ②キミたちは何のために論文を書くのか。〔中略〕ちょっとくらい変な使い方をして先生にフフンと笑われようが、訂正されようが、ちょっと難しげな語彙を使ってみることにチャレンジするべきだ。（戸田山，2002，p.30）
>
> 参考文献一覧
> ①小笠原喜康(2002)『大学生のためのレポート・論文術』(講談社現代新書1603)講談社
> ②戸田山和久(2002)『論文の教室　レポートから卒論まで』(NHKブックス954)日本放送出版協会

　この2つの主張を引用しながら、「大学生はレポート・論文で難しいことばを使うべきか」について、自分の意見を主張するにはどうすればよいでしょうか。次ページに、❹積極的に使うべきだ、❸使わないほうがよい、❸どちらともいえない、という3つの異なる立場での引用例をあげました。引用のしかたの違いを比較してください。

立場による引用のしかたの違い①

A 「積極的に使うべきだ」という立場

　レポートにおける語彙の使い方に関しては、2つの見解がある。小笠原喜康は「多くの国民にとって、まだまだ漢語は外国語である。そのため使い慣れない漢語をたくさん使うと、どうもしっくりこないという感覚になる」と述べている。(小笠原，2002，p.205)これに対し、戸田山(2002)は「キミたちは何のために論文を書くのか。〔中略〕ちょっとくらい変な使い方をして先生にフフンと笑われようが、訂正されようが、ちょっと難しげな語彙を使ってみることにチャレンジするべきだ(p.30)」と、異なる見解を述べている。

　大学1年生は、レポート作成の練習をする段階である。したがって、失敗できるときこそ、自己の能力を高めるために「自分が知らない語彙を積極的に使用すること」は理にかなっていると考える。

B 「使わないほうがよい」という立場

　レポートにおける語彙の使い方に関しては、2つの見解がある。戸田山(2002)は、大学生が論文を書く目的は自分の能力を高めることにあるので、教員の批判を恐れず、「ちょっと難しげな語彙を使ってみることにチャレンジするべきだ(p.30)」と主張している。これに対し、小笠原(2002)は、漢語は多くの国民にとって外国語のようになじみがないので、多用すると違和感がある(p.205)としている。

　大学1年といえば、レポート作成の習作期である。練習できるこの段階から、むやみに難しい語を使用するのではなく、読み手の立場になって、わかりやすい文章を書くことを心がけることが大切である。

立場による引用のしかたの違い②

C 「どちらともいえない」という立場

> レポートにおける語彙の使い方に関しては、2つの見解がある。小笠原喜康は「多くの国民にとって、まだまだ漢語は外国語である。そのため使い慣れない漢語をたくさん使うと、どうもしっくりこないという感覚になる」(小笠原,2002,p.205)と述べている。これに対し、戸田山和久は「キミたちは何のために論文を書くのか。〔中略〕ちょっとくらい変な使い方をして先生にフフンと笑われようが、訂正されようが、ちょっと難しげな語彙を使ってみることにチャレンジするべきだ」(戸田山,2002,p.30)と、小笠原の意見とは逆の主張をしている。
>
> 小笠原は、「読みやすさ」というレポートを読む側の立場に限定して、議論を展開している。それに対し、戸田山のコメントは、背伸びして語彙を使うことで「書き手の作文力を高めるべきだ」という、レポートの書き手の側に立っての主張である。したがって、両者を同列に並べて議論するわけにはいかない。

立場が反対の❹と❺ですが、引用のしかたには共通点があります。

それは、「自分とは反対の意見を先に説明してから、そのあとで、自分と同じ意見を説明している」という点です。同じ主張同士を近くに配置しているので、パラグラフのつながりがスムーズです。

❻の場合は、自分の意見を述べる後半のパラグラフにポイントがあります。①と②の主張がなぜ違うのかを、客観的に分析して説明しています。この分析の記述を十分にすることで、論証の説得力を高めることができるのです。

第7章のまとめ

◆日本語表記上のルール
①同音異議語・同訓異字 ②漢字で書く語・ひらがなで書く語
③文語表現 ④重複表現 ⑤俗語 ⑥差別用語 ⑦数字
⑧欧文 ⑨外来語 ⑩句読点 ⑪中黒 ⑫単位記号
⑬カッコ類 ⑭リーダー ⑮ダッシュ ⑯波ダッシュ
⑰下線と傍点 ⑱人名・機関名 ⑲略語

◆引用の基本
- 著者名・書名などの出典情報を文中に明示する
- 「直接引用」の場合は、引用元での記述のまま引用する
- 表現を変えても文意が伝わる場合は、要約して引用する
- 参考文献一覧に、出典情報を正確に記載する
- 文末表現は引用の意図によって使い分ける

◆参考文献一覧の作り方
①図書〈著者名(編者名)→出版年→図書名→出版社名〉
②図書中の論文や章の一部〈論文の筆者名→出版年→論文・章のタイトル→図書の著者名(編者名)→図書名→出版社名→該当ページ〉
③専門雑誌・紀要などの掲載論文〈筆者名→発行年→論文のタイトル→雑誌・紀要名→巻数→号数→該当ページ〉
④新聞記事〈記事名→新聞社名→朝刊/夕刊→発行年月日→ページ数〉
⑤ホームページ〈Webサイトの運営団体→記事のタイトル→URL→参照日〉

◆効果的な引用方法
- 自分の立場によって、引用のしかたを工夫する

数値データの説得力

論 文では、数値データが重要です。そのことを実感するために、次にあげる「NPOオアシス－世界がもし100人の村だったら－」(マガジンハウス、池田香代子)を見てください。

> もし、現在の人類統計比率をきちんと盛り込んで、全世界を100人の村に縮小するとどうなるでしょう。
> その村には…
>
> 57人のアジア人／21人のヨーロッパ人／14人の南北アメリカ人／8人のアフリカ人がいます
> 52人が女性です／48人が男性です
> 70人が有色人種で／30人が白人
> 70人がキリスト教以外の人で／30人がキリスト教
> 89人が異性愛者で／11人が同性愛者
> 6人が全世界の富の59%を所有し、その6人ともがアメリカ国籍
> 80人は標準以下の居住環境に住み／70人は文字が読めません
> 50人は栄養失調に苦しみ／1人が瀕死の状態にあり／1人はいま、生まれようとしています
> 1人は（そうたった1人）大学の教育を受け／そしてたった1人だけがコンピューターを所有しています

このように、数値とともに表現すると、状況がわかりやすく、説得力がありますね。文章を書く場合でも、数や大きさの大小を具体的な数値で表すと、正確な情報共有が可能になります。客観性が重視される論文では、数値をうまく活用することが大切です。

第8章

卒業論文作成に向けて

卒業論文は大学生活の総仕上げで、長い時間をかけた、入念な準備が必要です。ガイドラインや論証に関連することばについて確認し、研究方法や論証方法、データの種類にどのようなものがあるのかを理解して、自分の研究にふさわしい方法を考えましょう。提出後には審査がありますので、最後まで気を抜いてはいけません。

1 卒業論文の準備は早めにスタートしよう
2 卒業論文の体裁や章構成で注意すること
3 論証による説得とは何か理解しておこう
4 卒業論文の論証・考察方法① 仮説検証型アプローチ
5 卒業論文の論証・考察方法② 解説・整理型アプローチ
6 「1次データ」と「2次データ」を区別する
7 卒業論文の準備と提出後の審査

1 卒業論文の準備は早めにスタートしよう

卒業論文作成には手間と時間がかかる！

　大学生活の総仕上げとして、卒業論文の提出が卒業の条件となっている皆さんも、多いのではないでしょうか。そんな皆さんにしっかりと認識してほしいのは、「卒業論文には手間と時間がかかる」ということです。一定の時間をかけ、エネルギーをふりしぼり、自分が積み上げてきた知識とスキルを総動員して作り上げる"総合プロジェクト"が、卒業論文なのです。

　完成までには、ときにはくじけそうになる心をうまくコントロールしながら、しんぼう強く1つのテーマと向き合わなければなりません。知力・気力・体力が求められる創作活動です。そして、もう1つ大切なのは、その完成度を審査する指導教員に対する、「説得活動」でもあるということです。合格基準に達していないと判断されれば卒業に必要な単位が取得できず、「留年」という最悪の結果になる可能性もあることを忘れてはなりません。

提出までのスケジュールをしっかり管理しよう

　卒業論文には、各大学・学科に独自の進め方があるので、確認してください。多くの大学では、卒業論文完成までに、**オリエンテーション・研究計画書の作成・進捗状況確認のための中間発表会・提出・口頭試問**などの予定日を公開しています。

　このようなプログラムに合わせて論文作成を着実に進めていくには、自分で執筆計画を立て、自己管理することが必要です。右ページのスケジュール表の例を参考にしてください。

卒業論文完成までのスケジュール例

学年・月	卒業論文関連行事	執筆手順
3年10月	中旬　3・4年生合同卒業論文中間発表会	基本資料収集・精読開始
11月		
2月	下旬　所属ゼミ決定	
4年4月	上旬　卒業論文作成オリエンテーション 下旬　研究計画報告会・研究計画書の提出	テーマの決定 先行研究の収集・整理
5月	下旬　参考文献リスト提出 　　　経過報告書①提出	項目アウトライン作成
6月	下旬　経過報告書②提出	アウトライン完成（章立ての決定）
7月	下旬　経過報告書③提出	序論（論点の提示）の検討
8月	夏休み 　　ゼミ合宿 　　　↓	本論前半の執筆 ● 先行研究のまとめ ● 仮説・データ収集方法の決定 ● 論文の表題決定
9月		
10月	中旬　3・4年生合同卒業論文中間発表会（進捗状況と課題の報告） 下旬　経過報告書④提出	本論前半～中盤の執筆 ● 調査票質問項目、調査実施計画の決定
11月	下旬　経過報告書⑤提出	本論中盤の執筆 ● 調査実施と集計・分析 ● 図表・グラフ等の作成
12月	下旬　経過報告書⑥提出	本論後半～結論の執筆 ● 調査結果のまとめ ● 仮説の検証、考察 ● 結論と残された課題
1月	下旬　卒業論文提出・口頭試問	推敲と清書

2 卒業論文の体裁や章構成で注意すること

卒業論文の書式や体裁はガイドラインにしたがう

　卒業論文は通常、**学部や研究室単位で、書式や体裁、書き方、提出方法について、ガイドラインを定めています**。たとえば、「用紙サイズ：Ａ４、１ページあたりの文字数・行数：40字×30行、総ページ数：40枚以上、文字サイズ：10.5ポイント～12ポイント」などです。小冊子にまとめる場合は、**製本のしかた**や、**表紙のレイアウト**についても指定があります。右ページに、余白の広さ、主題と副題や氏名の位置の例をあげました。背表紙の文字についても、指定されることがあります。卒業論文のガイドラインについては、Web上で公開している大学も多いので、いろいろ検索して違いを比べてみると、参考になるでしょう。

　文字数や枚数についての規定は、学部・専攻によってさまざまです。大学での研究の総まとめとして、その成果を示すために、「３万字以上」「本文で30枚以上」などと、最低限の文字数や枚数を定めていることが多いようです。

　たとえば、Ａ４判縦の用紙に横書きで40字×30行と書式設定した場合は、見出しや改行の分を考慮すると、１枚あたり約1000字書くことになります。３万字なら30枚、５万字なら50枚とカウントできます。193ページに章構成と枚数の目安の例をあげておきますので、卒業論文の構成を考えるときに役立ててください。

人文社会系の卒業論文では緻密な論証が必要

　193ページの章構成は、人文社会系でよく見られる構成パターン

卒業論文表紙製本の指定例

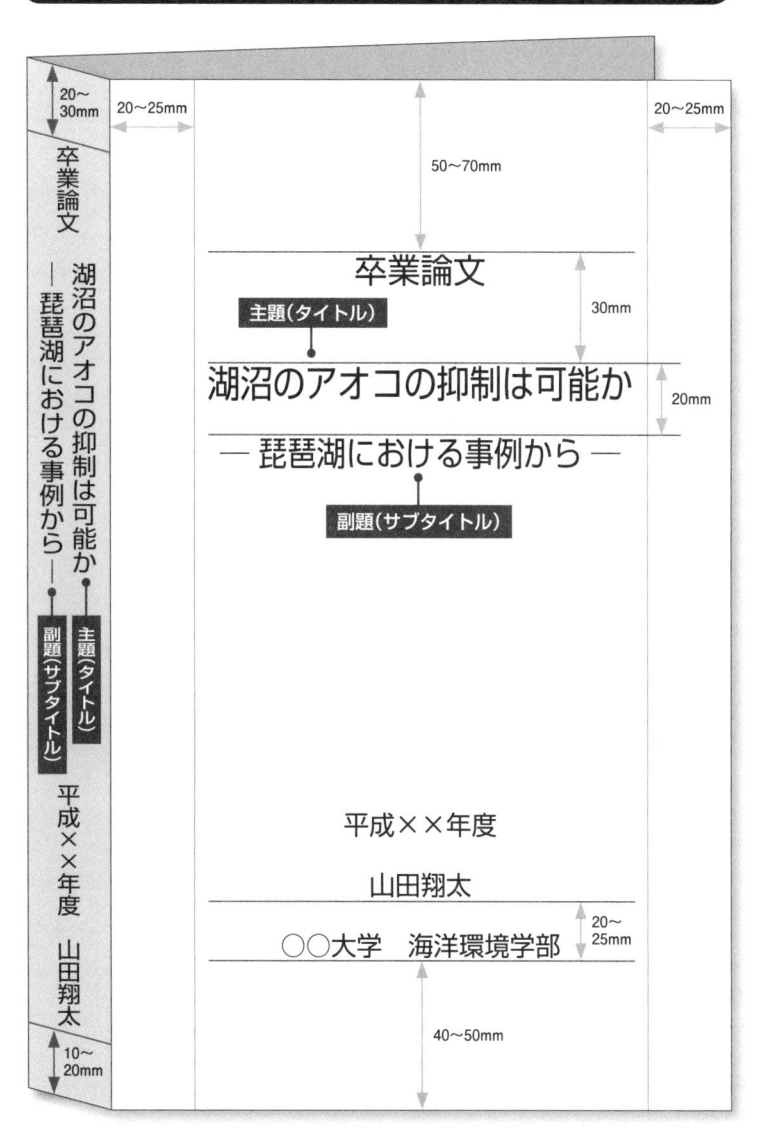

【表紙】

卒業論文

主題（タイトル）

湖沼のアオコの抑制は可能か

― 琵琶湖における事例から ―

副題（サブタイトル）

平成××年度

山田翔太

○○大学　海洋環境学部

【背表紙】

卒業論文

湖沼のアオコの抑制は可能か
― 琵琶湖における事例から ―

副題（サブタイトル）　主題（タイトル）

平成××年度　山田翔太

寸法指定：
- 上余白 20〜30mm
- 左余白 20〜25mm
- 右余白 20〜25mm
- タイトル上 50〜70mm
- 主題 30mm
- 副題 20mm
- 下部 20〜25mm
- 最下 40〜50mm
- 背表紙下 10〜20mm

です。理系の卒業論文の章立ては「A.方法　B.結果　C.考察」のようにシンプルですが、人文社会系の卒業論文では、「第1章　○○における現状」のように、**章・節・項番号にことばを添えて、その章・節・項の概要を具体的に説明する**のが特徴です。

　本論では、**読み手が理解しやすいように情報を配置することが、説得力を高めるポイント**です。たとえば、cという情報について説明するために、別の情報aとbを理解しておくことが前提となる場合は、先にaとbを提示しなければなりません。また、情報eについて説明する前に情報dを示す必要があるなら、dについて先に説明します。読み手は、cとeを十分に理解することによって、fについても理解できるようになるのです（右ページ参照）。

　本論の構成を考える際は、第5章で紹介した「本論の論証パターン」（110〜115ページ）や、2つのアウトライン例（118〜119ページ）などが参考になるでしょう。ただし、これらはごく基本的な章立てを示したものです。卒業論文ではさらに章を細分化して節や項を立て、より深く緻密な論証をすることが求められます。

　理系の分野では、数学の図形の証明のように、証明する課題と初期条件が同じであれば結論は1つであり、結論にたどりつく道筋も限られています。それに対して、**人文社会系の分野では、集めたデータ（引用や図表など）を配置する順番やその解釈はさまざまであり、導かれる結論も違ってきます**（第7章182〜184ページ参照）。言語による論証は、数式を用いた証明よりも複雑で、説明も長くなるのが普通です。

　だからといって、卒業論文は長く書けばよいというわけではありません。指定枚数を大幅に超える大作でも、だらだらした引用で枚数をかせぐような卒業論文は、けっして評価されません。指定枚数をなんとかクリアする長さでも、着眼点がユニークで、自分なりの分析と考察がある卒業論文のほうが、評価は高くなります。

卒業論文の構成と枚数の目安

項目	枚数
表紙	1枚
要約・概要	1枚
序論（はじめに）	1～2枚
本論 第1章　○○における現状 　第1節　○○○○○ 　　第1項　○○○○ 　　第2項　○○○○ 第2章 　…	指定枚数から本論以外の枚数を差し引いて決定
結論（終わりに）	1～3枚
注記（脚注の場合は本論内に配置する）	2～3枚
参考文献一覧	1～2枚
付録（アンケート調査票などの補足資料）	

＊構成順やそれぞれの枚数は学問分野や内容によって変わります。

読み手が理解しやすい情報の提示方法

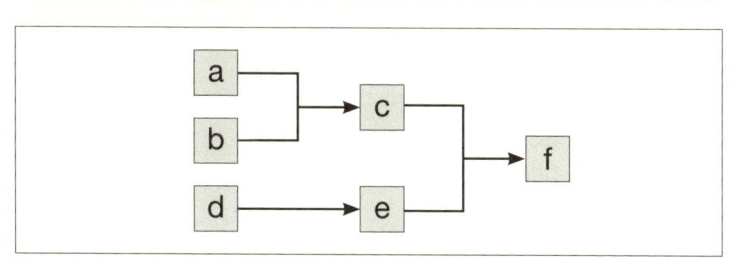

cについて説明するためにaとbが必要　　… {a, b, c} → **第1章**
eについて説明するためにdが必要　　　　… {d, e} → **第2章**
cとeを理解するとfについても理解できる … {c, e, f} → **第3章**

3 論証による説得とは何か理解しておこう

✎ 論証ではこのようなことばが使われる！

卒業論文では、厳密な論証を行うことが必要です。そこで、論証の際によく使われることばの意味を、整理しておきましょう。

論証に関連する主なことば

説明 (解説)	内容・意味・根拠などがよくわかるように述べること。「説明」に比べて「解説」には、「独自の視点による」という主観的なニュアンスがある
解明	不明な点を細かく調べて、はっきりさせること
命題	正しいか正しくないかを判断できる、断定的な文 • AはBである（Bではない）…明確な断定 • CがDなら、AはBである…条件付きの断定 • XはAまたはBである…選択的な断定
推論	事実をもとに、未知のものごとの可能性や確実性を推測して論じること
分析	ものごとを分解して、構成している成分や要素などを明らかにすること
考察	ものごとを明らかにするために、よく調べて考えること
総合	分析の結果得られたいくつかの要素を結びつけ、まとめあげること

論証では「命題」と「推論」を重ねて主張を導く

　論文は、論理的な文章構造をもっています。論理的な文章においては、確からしい根拠に基づく**「命題」**をいくつか積み重ねながら、最終的な主張を導きます。ただし、数学の証明とは異なり、人文社会系の分野は、異論の余地がない命題だけで主張することはできません。そのような場合は、命題だけでなく、だれもが納得できる**「推論」**を加えます。推論を述べるときは、「(○○というデータ) から、…といえる・…と思われる・…のはずである」などと説明します。

　たとえば、「今年の夏は暑かった」という事実（命題）があったとしましょう。そこから推論すると、「今年はコメが豊作だろう」ということが考えられます。しかし、夏の気温が高くても、収穫前に台風などの被害があれば、必ずしも豊作になるとは限りません。つまり、この推論は、「確からしさが低い」といえます。「確からしさ」を高めるためには、根拠となる新たな命題をつけたり、「台風の直撃がなければ」などと条件を示したりする必要があります。

　1つの命題から推論を重ね、新たな命題へと結びつけることで、説得力のある主張が可能になるのです。

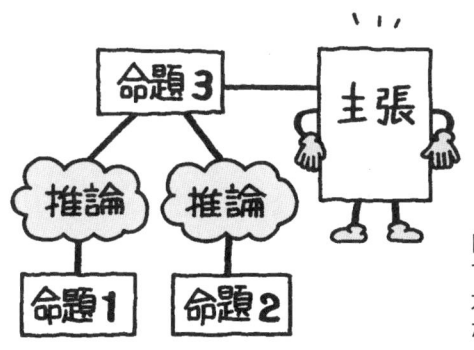

「推論」を重ねることで、1つの命題が説得力のある主張につながっていく

「分析」にはさまざまな方法がある

次に、「分析」ということばのイメージをつかんでみましょう。たとえば、分析の対象が、非常に複雑な形をしているとします。そのままではよくわからない場合、いくつかの要素に分けて考えてみるのが自然です。分け方には、Aという方法やBという方法、さらに違うCという方法もあります。

つまり、分析には異なる切り口があり、同じ事柄でもAとBでは成分や要素の見え方が違ってくるのです（下図参照）。分析のしかたにはさまざまな方法がありますが、代表的なものには、時系列・分類・比較対照があります。

❶時系列的な分析

時代をいくつかに区切り、ある事柄について、時代ごとに共通点や相違点を明らかにするという分析方法です。たとえば、株価がある期間においてどのように変化したかを分析することが、これにあたります。

❷分類による分析

いくつかのカテゴリーに分けて、整理する分析方法です。たとえば、ラーメンを、博多・札幌・東京などと産地で分類したり、細麺・中太麺・太麺などと太さで分類する方法です。

同じものでも、「切り口」を変えれば見え方は違ってくる！

❸比較対照による分析

　ある観点を決めて、2つの類似物やライバルなどを比べ、相違点や優劣を明らかにする方法です。

　分析した結果は、文章だけでなく図表を使って表すと、よりわかりやすく伝えることができます。グラフや図表の種類については、このあとの200ページ・206ページで説明します。

さまざまな分析方法

時系列的な分析

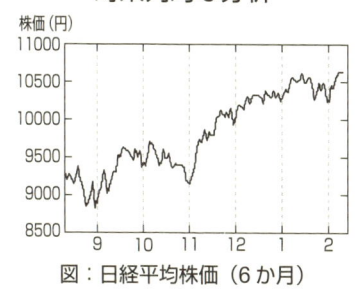

図：日経平均株価（6か月）

分類による分析

表：ラーメンの分類（麺とスープ別）

スープ別＼麺別	細 麺	中太麺	太 麺	極太麺
醤油	中華系ラーメン	東京ラーメン		喜多方ラーメン
豚骨	博多ラーメン			
味噌			札幌ラーメン	
塩			札幌ラーメン	

比較対照による分析

表：製品Aと製品Bの比較表

	製品A	製品B	備考
画面サイズ	9.8インチ	8インチ	Bはやや見にくい
重量	730g	520g	･･･
プロセッサ	2GHz	1.06GHz	･･･
音声通話	○	×	
バッテリー	最大8時間	最大4時間	条件は異なる
･･･	･･･	･･･	･･･
総合判定	◎	○	

4 卒業論文の論証・考察方法①
仮説検証型アプローチ

論証を通じて仮説の正しさを強調する「仮説検証型」

評価される卒業論文にするために、卒業論文レベルで求められる論証・考察方法について理解しておきましょう。その1つ目は、**「仮説検証型アプローチ」**です。

「仮説」とは、「ある現象を合理的に説明するために仮に立てる説」のことです。仮説は、実験や観察、計算などによる「検証」という手続きによって、その「正しさ」が確認されます。論文の中での仮説の検証作業は「論証」と呼ばれ、ことばに加えて、図表、数式などを交えて行われます。論文においては、**この論証を通じて、自分の主張の＜妥当性＞を強調します。**これが、「仮説検証型アプローチ」です。この仮説がうまく事実を説明できると認められ、検証内容に間違いはなさそうだと受け入れられた場合に、暫定的な事実・真理として認定されることになります。

仮説検証型の論証では、調査・実験などを行って数値データを収集し、それをもとに検証する「定量的研究」がよく行われます。

研究対象の量的な側面に注目する「定量的研究」

定量的研究（quantitative research）とは、研究対象の量的な側面に注目し、数値による記述と分析によって説得を試みる方法で、「量的研究」とも呼ばれます。心理学・経済学などの分野では、この手法がよく行われています。ただし実際には、単独でこの手法を行うのではなく、質的な側面に注目する「定性的研究」（202ページ参照）も合わせた分析が、よく行われています。

定量的研究では、数値データを集め、その数値を「基本統計量」などを中心に集計・整理することで、対象を分析します。基本統計量とは、数学でおなじみの、平均・最大値・最小値などで表される数値のことで、ほかにも、標準誤差・中央値（メジアン）・最頻値（モード）・標準偏差・分散などがあります。これらは、主な表計算ソフト（たとえばExcelやNumbersなど）の分析ツールを使って計算することができます。

　定量的研究は、くり返し起こる現象や、数的に把握・測定しやすい事象を扱う研究に適した手法です。さらに、応用的な手法として、**「推測統計学（推計学）」** に発展させることも、よくあります。これは、研究対象を母集団とその一部である標本（サンプル）に分け、標本から得られるデータをもとに、母集団について推測するものです。

　たとえば、よく「女性のほうが男性よりも外国語学習に向いている」といわれますが、はたして実際はどちらに外国語学習の適性があるか、調べたいと考えたとしましょう。しかし、世の中の男性・女性全員にテストを行うことは不可能です。したがって、限定的にテストを実施して、推測することになります。全体の一部である、ある中学校の1クラスの男女を対象にテストを行うのが、その例です。このように、ある特定の集団についての調査を通して、日本全国の中学生についても同じことがいえるか判断をくだすためには、推測統計学を用いた論証が必要になってくるのです。

　ほかにも、「2つの異なる広告A・Bのうち、どちらがより効果的に消費者にアピールするかを判定する」というようなケースにも、この推測統計学が用いられます。さらに詳しいことを知りたい人は、統計学の専門書などで学習してください。

　定量的な研究では、集計・整理したデータをグラフや表などで表示し、分析するのが一般的です。主なグラフの種類は、次ページのとおりです。

グラフの種類と特徴

❶折れ線グラフ…時間の経過や変化の様子を表す

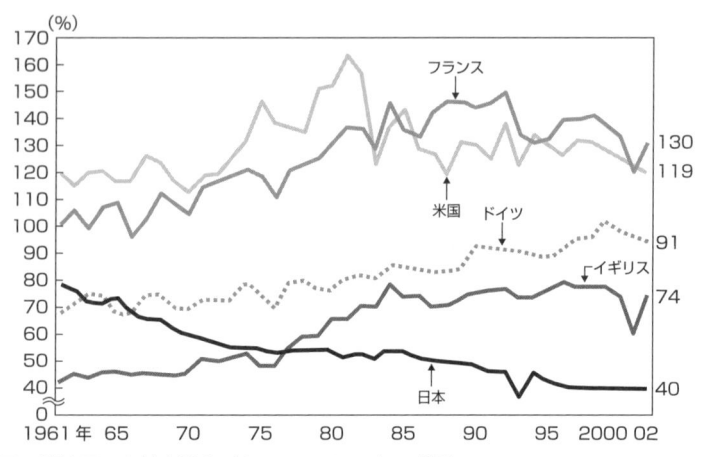

図：諸外国の食料自給率（カロリーベース）の推移

（出典：農林水産省HP「食料需給表」より）

❷棒グラフ…数量の違いを比較する

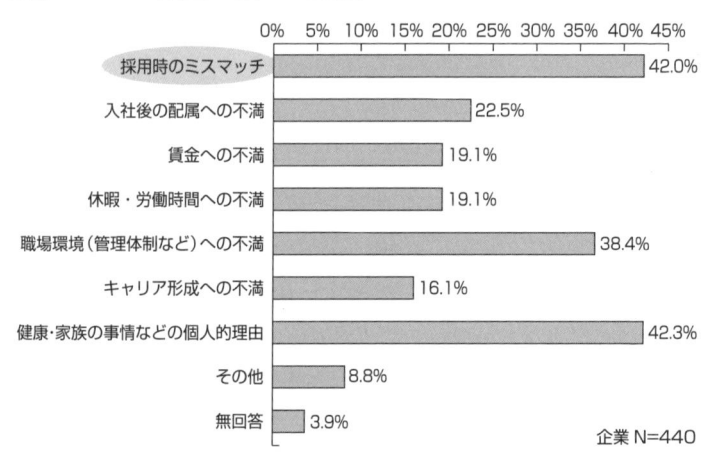

項目	割合
採用時のミスマッチ	42.0%
入社後の配属への不満	22.5%
賃金への不満	19.1%
休暇・労働時間への不満	19.1%
職場環境（管理体制など）への不満	38.4%
キャリア形成への不満	16.1%
健康・家族の事情などの個人的理由	42.3%
その他	8.8%
無回答	3.9%

企業 N=440

図：若手社員の早期離職の原因

（出典：経済産業政策局　産業人材政策室HPより）

❸帯グラフ…複数の要素の構成比率を比較する

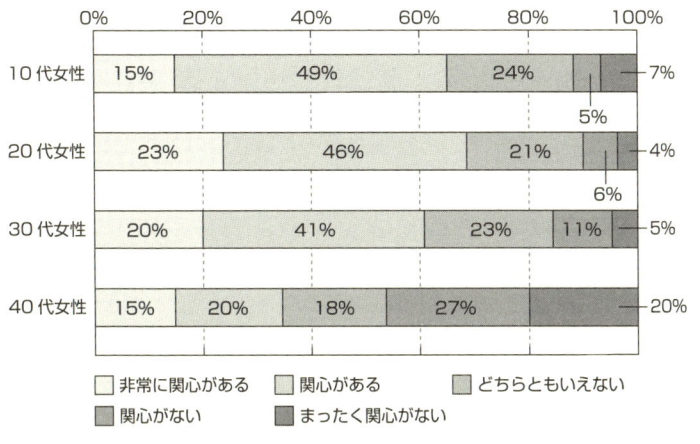

	非常に関心がある	関心がある	どちらともいえない	関心がない	まったく関心がない
10代女性	15%	49%	24%	5%	7%
20代女性	23%	46%	21%	6%	4%
30代女性	20%	41%	23%	11%	5%
40代女性	15%	20%	18%	27%	20%

図：商品Aに関する年齢別関心の度合い

❹円グラフ…全体に占める各要素の割合を比較する

住宅火災件数合計 1,077件

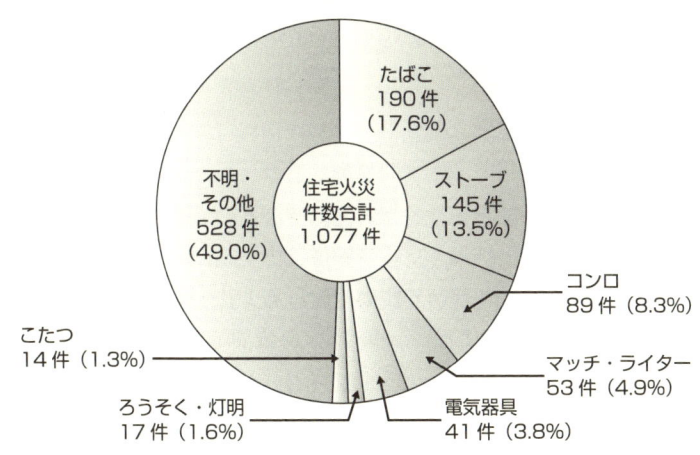

- たばこ 190件（17.6%）
- ストーブ 145件（13.5%）
- コンロ 89件（8.3%）
- マッチ・ライター 53件（4.9%）
- 電気器具 41件（3.8%）
- ろうそく・灯明 17件（1.6%）
- こたつ 14件（1.3%）
- 不明・その他 528件（49.0%）

図：S市における原因別住宅火災件数（20××年）

5 卒業論文の論証・考察方法②
解説・整理型アプローチ

研究対象の情報を整理して解説する「解説・整理型」

卒業論文レベルで求められる論証・考察方法の2つ目は、**「解説・整理型アプローチ」**です。仮説を検証するのではなく、**まだ研究されていない事象やしくみについて、これまでの先行研究も含め、さまざまな情報を統合し、そこから浮かび上がった点を、独自の視点で整理し、解説していく、という方法**です。

たとえば、第5章であげた、定義・原因・影響・評価→考察という論証パターンも、このタイプに含まれます（110ページ参照）。このアプローチの代表的な分析方法に、「定性的研究」と呼ばれる手法があります。定性的研究の論証例には、次ページのようなものがあります。

研究対象の質的な側面に注目する「定性的研究」

定性的研究（qualitative research）とは「質的研究」とも呼ばれ、研究対象の質的な側面に注目した研究です。仮説検証型アプローチの項で紹介した「定量的研究」とは、対をなす考え方です。

歴史学・文化人類学・社会学・言語学などの分野で多くみられ、インタビューや観察結果、文書や映像、歴史的記録などの質的データ（定性的データ）を用いて説得を試みる方法です。

データ収集の方法には、一般的な意識調査だけでなく、聞き取り調査、参与観察（participant observation）のような現地調査、インタビューの文字起こし、文書や映像の内容分析（content analysis）、会話分析などがあります。データ収集方法の代表的な

定性的研究の論証例

❶ メリット・デメリットの描写

利点(強み)と欠点(弱点)を列挙し、解説を加える

> (例) ●国民の司法参加(裁判員制度)の意義と問題点を詳述する
> ●経済のグローバル化が持つ功罪を述べる

❷ ライバル・類似物の比較

AとBを比較しながら論じたり、AとBの相違点について述べたりする

> (例) ●日米の企業経営の特質の共通点・相違点を探る
> ●T社とN社のマーケティング戦略の共通点・相違点を探る

❸ 意味や意義の再定義・新解釈

従来から存在するものの今日的な意味や意義をとらえ直し、新解釈を加える

> (例) ●社会起業家が有する今日的な意義について論じる
> ●マスメディアが持つ今日的な機能と責任について再考する

❹ 問題を解決する対策・解決策

社会的な問題の弊害や影響をとりあげ、解決手段を探る

> (例) ●少子化による生産性低下の対策を論じる
> ●食品偽装、食の安全不安に対し、解決策を提案する

ものについては、205ページにあげましたので、参照してください。

前項で説明した定量的研究では、アンケート調査や実験、テストの結果を集計して、特定の現象のある側面を数値データ化し、統計的な分析を試みます。しかし、学問分野によっては、数値による一般化や普遍化が適さない場合もあります。歴史・民族・文化・社会などを対象とした研究が、その例です。

このような分野の論証では、多様な手法によって調査を行い、数値以外のさまざまなデータを活用します。たとえば、過去に人間がつくりあげ、現在も残っている事物（建造物、史跡、絵画、書物など）も、データの1つになります。人間の営みを、歴史的・文化的・文学的な観点から解釈し、個性や特徴をクローズアップする定性的研究が、解説・整理型アプローチではとくに有効になるのです。

定性的な研究は、社会の全体像を把握するなどの、大規模な社会調査には向いていません。しかし、**ある対象について、数値的な分析には現れないリアリティを明らかにするために、効果的な研究方法**といわれています。たとえば、特定の人物へのインタビューや珍しい事例の観察記録が、定量的な研究による数値データよりも説得力をもつ場合もあります。

定性的な研究にはさまざまな手法があり、学問分野や指導教員によっても方法論が異なるため、標準的な分析手法が確立されているわけではありません。評価についても、意見が分かれています。使われるデータの表示方法には、文字による記述や図解を中心にさまざまな形があります。

場合によっては、定量的研究で用いるような、グラフや表などを併用することもあります。また、複雑な事象に関しては、**ツリー構図・マトリックス・フローチャート・図解などを使って対象物を評価し、分類や整理を行います**（206〜207ページ参照）。

定性的研究のデータ収集方法

❶ 観察

研究対象をとりまく状況を継続的に直接観察して、観察者の視点から記述する方法。物理的な現象・人の活動・慣習・制度などを、独自の切り口で全体的にとらえることに目的がある。紙に記録するだけでなく、録画・録音などを行うこともある。

❷ 取材・聞き書き・面接（インタビュー）

研究対象となる相手やその関係者に直接取材したり、会話の様子を聞き書きしたりする方法。「現場のことは、現場に聞け」といわれるように、当事者の意識や意見を知ることで、現場のリアリティに迫ることができる。取材ノートに文字で記録したり、ICレコーダーその他による録音（および文字起こし）などを行う。

❸ 質問紙（アンケート調査）

ある事柄について、一定数の人の理解や感想、意見が知りたい場合に、質問紙を配布して個別に回答してもらう方法。定量的な研究でも行うことがあるが、定性的研究では、「〜についてどう思うか」という自由コメント形式の質問も活用する。回答者個々の考えをより忠実に収集することができ、回答の理由を把握したり、背景情報を得たりしやすいというメリットがある。

❹ フィールドワーク（参与観察）

主に、文化人類学や社会学の分野で行われる研究手法。たとえば、文化人類学では、地球上のさまざまな地域に長期間滞在し、そこに住む人々と生活をともにして調査を行うことがある。村の祭事や子育てのしかたなど、その地域特有の文化や生活習慣を、できる限り現場で観察し、記録する。関連する事物も収集し、データとして活用する。

定性的研究のデータ表示法

❶ツリー…大項目、中項目などの階層や分類を示す

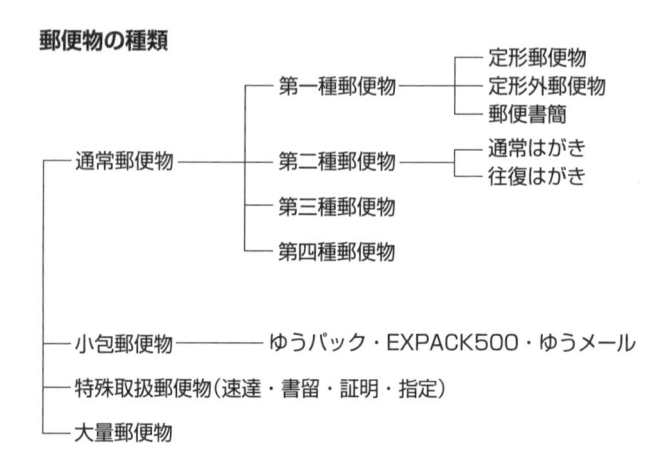

郵便物の種類

```
                                           ┌─ 定形郵便物
                          ┌─ 第一種郵便物 ──┼─ 定形外郵便物
                          │                 └─ 郵便書簡
                          │                 ┌─ 通常はがき
          ┌─ 通常郵便物 ──┼─ 第二種郵便物 ──┴─ 往復はがき
          │               ├─ 第三種郵便物
          │               └─ 第四種郵便物
          │
          ├─ 小包郵便物 ─────── ゆうパック・EXPACK500・ゆうメール
          ├─ 特殊取扱郵便物(速達・書留・証明・指定)
          └─ 大量郵便物
```

❷マトリックス…縦軸と横軸で基準を表し、分類を試みる

Will-Skill モデル(部下のマネジメント)

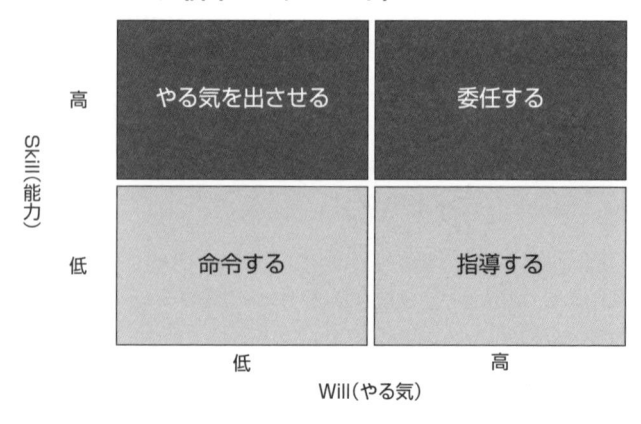

Skill(能力)	低 Will(やる気) 高
高	やる気を出させる / 委任する
低	命令する / 指導する

❸フローチャート…作業の手順やものごとの過程を示す

セカンドオピニオンの取得方法

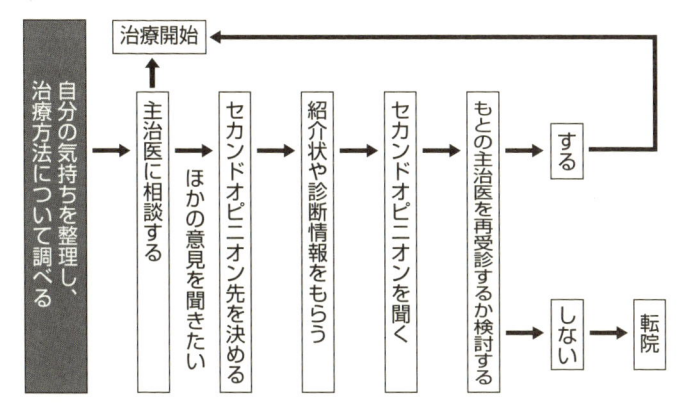

自分の気持ちを整理し、治療方法について調べる → 主治医に相談する（ほかの意見を聞きたい） → セカンドオピニオン先を決める → 紹介状や診断情報をもらう → セカンドオピニオンを聞く → もとの主治医を再受診するか検討する → する → 治療開始／しない → 転院

❹図解…しくみ・全体像・人物関係などを解説する

企業の組織構造

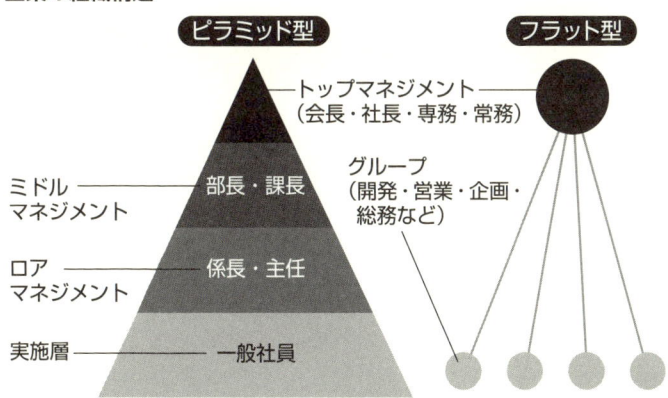

ピラミッド型

- トップマネジメント（会長・社長・専務・常務）
- ミドルマネジメント：部長・課長
- ロアマネジメント：係長・主任
- 実施層：一般社員

フラット型

- トップマネジメント
- グループ（開発・営業・企画・総務など）

第8章 卒業論文作成に向けて

6 「1次データ」と「2次データ」を区別する

論文作成者自身が集める「1次データ」

定量的研究と定性的研究のどちらであっても、論証にはデータが欠かせませんが、すべてのデータを自分の手で集めなければいけないわけではありません。論文中で使用するデータは、「1次(独自)データ」と「2次データ」に分けることができ、この2つをしっかりと区別することが必要です。

「1次データ」とは、論文作成者が自分自身で集めたデータです。代表的なものは、アンケートやインタビューなどの調査で得たデータや、研究対象が存在する現場で論文作成者が観察し、記録したデータです。1次データを用いることのメリットは、その研究の調査目的にそった、必要なデータを集められることにあります。

反対に、デメリットとしては、研究データの収集と加工に専門的な知識が必要なこと、収集に時間と手間、コストがかかることがあげられます。十分なデータが集まらず、調査が失敗するなどのリスクもありますので、方法をしっかり理解したうえで、入念な準備をする必要があります。

他者が集め、一般に公開されている「2次データ」

1次データに対して、他者の手によって収集され、情報として一般に公開されているデータを、「2次データ」といいます。典型的な例として、官公庁が調査し、公表している統計資料、信頼のおける機関(大学・研究所・大手新聞社・学術出版社)から出版されたレポート、図書、新聞、雑誌などの文献などがあります。

2次データを用いるメリットは、データ収集のための時間と手間を節約できることです。最近は、Web上に公開されているものも多く、以前より入手しやすくなっています。デメリットは、あくまでも調査者本人の研究のために収集されたデータであるため、引用する側の論証に100％合うものはない、ということです。

「1次データ」と「2次データ」の使い分け

　大学の授業で課されるレポートでは、課題が出るたびに1次データを集めるわけにはいきませんので、2次データの活用が必要になります。むしろ、専門家である研究者・調査者が適切な方法で実施した大規模な調査や、観察から得た記録・考察を活用したほうが、研究対象に関する基本的な知識と科学的な見識を得るうえで、経済的かつ合理的といえるでしょう。

　卒業論文のデータ収集方法は、1次データをもとにする**「現状・実態調査型アプローチ」**と、2次データをもとにする**「文献中心研究型アプローチ」**に分けることができます。

❶現状・実態調査型アプローチ

　卒業論文の作成者自身が実際に調査を行い、観察などからデータを収集する方法で、1次データを集めることを重視します。研究対象のまだよくわかっていない側面に着目し、アンケート、インタビュー、実験、観察などを行ってデータを集め、まだ解明されていない部分や整理されていない部分を明らかにしていきます。

❷文献中心研究型アプローチ

　学問分野によっては、2次データが中心となる卒業論文も多くあります。官公庁の統計や、信頼のおける機関から出版された図書、新聞、雑誌などから得たデータや意見の引用を中心に、独自の論証と主張を展開します。

予測される「反証」に反論できるようにする

　皆さんの専攻分野が人文社会系であっても、卒業論文での論証は、科学的に信頼できることが求められます。論文の主張が「科学的」であることを示すには、どうすればよいのでしょうか。

　「相手の主張がまちがっていることを証拠をあげて説明すること」を、反証といいます。科学哲学者のカール・ポパー（Karl Raimund Popper）は「反証可能性」という概念を示し、「科学とは反証可能性を備えるものである」と定義しました。理論というものは、反証による検証でしか、その理論が正しいかどうか決められないという主張です。この主張を認めるならば、正統な科学理論が満たすべき基準とは、他者が反証によって検証ができる形で問題提起をし、論証に使うデータも共有可能な形で提示することである、といえます。

　これは、ある意味で大変なことです。なぜなら、だれだって自分が唱える理論や主張に対して、他人に反論されたいとは思わないでしょう。しかし、相手の反証を予測したうえで、その反証に対してしっかりと反論し、自分の主張の正当性を主張できてはじめて、「この主張は信用してよさそうだ」と、認められることになるのです。数値データを使用しない論証であっても、他者の反論を想定し、しっかりとした裏付けをもってそれを否定することが、自分の考察の確実性や説得力を高めることにつながります。

　考察の結果、**①不明点（原因・しくみ・関係性など）が解明される、②複数の説や論争が整理される、③今までになかった新しい解釈が示される**、などの成果があったと認められると、その卒業論文は高く評価され、学問的発展に貢献することができます。そのような卒業論文を完成することができれば、皆さんは大きな達成感を味わうことができるでしょう。

7 卒業論文の準備と提出後の審査

卒業論文には入念な準備が必要

　授業で課されるレポートに比べると、卒業論文では、多くの先行研究をていねいに整理しなければなりません。テーマ設定の新しさや意義など、内容についても高い水準が求められるでしょう。また、より厳密な分析や考察を行うために、入念な準備とデータのていねいな処理が必要になります。したがって、4年生になる前の春休みまでに、準備として文献を読み込み、深く考えることが、その後の進行や、卒業論文の仕上がりに大きな影響を与えます。なにごとも、スタートダッシュが大切なのです。

　仮説検証型アプローチで卒業論文を書く場合は、**統計学の知識や、データの取得方法・整理方法**も、しっかりと身につけておく必要があります。また、解説・整理型アプローチでも、現状・実態調査型の場合は、**インタビューやアンケート調査、観察の記述のしかた**などに慣れておけば、実際の論文作成がスムーズに進みます。

　卒業論文に取り組む前には、「研究計画書」の提出（213ページ参照）とともに、研究計画の発表会がよく行われます。

卒業論文提出後には「口頭試問」がある

　多くの大学では、卒業論文の提出後に、口頭による論文の審査（口頭試問）が行われます。卒業論文を指導した教授（主査）と、審査資格を持つ別の教授（副査）の計2名の前で、卒業論文の概要を発表するものです。教授との質疑応答が中心ですが、3年生を含むゼミ生を参加させたり、司会として進行させたりすることもあります。

「発表15分、質疑応答5分」のような限られた時間の中で、卒業論文の概要を理解してもらい、主張とそこに至る分析・考察方法の両方について、妥当性や正当性を述べなければなりません。

一般に、話し言葉では1分間に**300字程度の文字量**、PowerPointなどのスライドでは**1枚程度の情報量**が適当といわれています。持ち時間が15分なら、400字詰めの原稿用紙で10枚程度の発表原稿を用意するとよいでしょう。あいまいな点や矛盾などがあると、質疑応答で鋭い質問が飛んできます。指導した教授は、論文の中身について、中間発表会などの途中経過も含めて知っていますから、調査や分析が浅い点などについて、突っ込みを入れてくるかもしれません。また、結論に対してわざと反論し、正当性がきちんと主張できるかを試す場合もあります。そのような場合は、210ページで述べた「反証可能性」への取り組みを生かしましょう。

一方、副査の教授は、審査直前に卒業論文を読み、議論がわかりにくい点や、一貫性が見えにくい点などを中心に、質問してくるでしょう。さらに、そのテーマに取り組む意義や新規性、方法論の妥当性などについても聞いてくるかもしれません。卒業論文に取り組む際は、指導教員や仲間に相談したり、意見を聞いたりするように心がけてください。そうすれば、自分の論文に不足している点などに気づくことができます。卒業論文は、まわりの人たちとの親密なコミュニケーションにより、レベルアップできるのです。

口頭試問時に必要なもの

- 発表原稿(話す内容の原稿)
- 提示資料(PowerPointなどのスライド資料)
- 配布資料(レジュメ、ハンドアウト)

卒業論文研究計画書の記入事項例

❶ 研究テーマ
- 現時点における(暫定的な)テーマ

❷ 調査・研究の目的
- 調査・研究を行う意義や価値、新規性や独自性

❸ 調査・研究の方法
- データの収集や論証の方法は何を採用するか
- どのような資料を集めるか
- データはどのように分析するか

❹ 資料の分析・考察結果の予想
- 分析や考察の結果に関して、現時点で可能な仮説・予測を立てておく

❺ 主要な文献・フレームワークの説明
- 調査・研究のテーマ設定や、方法論の選択について、大きく関わる主要な文献を、リストとして紹介する
- 方法論や論証のもとになるような大枠の文献(フレームワーク)に関しては、❶や❸とどう関係するのか、簡単な説明をつける

❻ 今後の行動予定
- 調査・研究における主要な活動を工程表にして、日付入りの行動予定表を作る

❼ 現時点の仮の目次(章立て)
- 各章の仮の見出しを作る(理想は「項目アウトライン」)

第8章のまとめ

◆**卒業論文のスケジュール**
- オリエンテーションや中間発表会などの関連行事に合わせて、執筆計画を立てる

◆**卒業論文の体裁や章構成**
- 学部・研究室ごとにガイドラインがあるので、その指定にしたがう

◆**論証に関連することば**
- 「命題」「推論」「分析」などの意味を正しく理解する

◆**論証・考察方法**
　①仮説検証型アプローチ……論証によって仮説の正しさを検証
　②解説・整理型アプローチ…研究対象の情報を整理して解説

◆**「1次データ」と「2次データ」の区別**
　①1次データ…論文作成者自身が集める
　　　　　　　（現状・実態調査型アプローチ）
　②2次データ…他者が集め、一般に公開されている
　　　　　　　（文献中心研究型アプローチ）

◆**提出後の口頭試問**
- 教授の前で卒業論文の概要を発表する
- 事前に発表原稿を用意しておく
  （15分の場合で400字×10枚程度）

〈参考資料〉

- 石坂春秋(2003)『レポート・論文・プレゼン　スキルズ　―レポート・論文執筆の基礎とプレゼンテーション』くろしお出版
- 大島弥生・池田玲子(他)(2005)『ピアで学ぶ大学生の日本語表現　プロセス重視のレポート作成』ひつじ書房
- 小笠原喜康(2002)『大学生のためのレポート・論文術』(講談社現代新書1603)講談社
- 菊田千春・北林利治(2006)『大学生のための論理的に書き、プレゼンする技術』東洋経済新報社
- 木下是雄(1994)『レポートの組み立て方』(ちくま学芸文庫)筑摩書房
- 白井利明・高橋一郎(2008)『よくわかる卒論の書き方』ミネルヴァ書房
- 田代菊雄(編)(1994)『新版大学生のための研究の進め方・まとめ方』大学教育出版
- 戸田山和久(2002)『論文の教室　レポートから卒論まで』(NHKブックス954)日本放送出版協会
- 阪田せい子・ロイ ラーク(1998)『だれも教えなかった論文・レポートの書き方』総合法令出版
- 藤田節子(2009)『レポート・論文作成のための引用・参考文献の書き方』日外アソシエーツ
- 吉田健正(2004)『大学生と大学院生のためのレポート・論文の書き方(第2版)』ナカニシヤ出版

〈この本で紹介した資料・HP〉

- 「参考文献・引用文献の書き方　－日本語文献編－」(2006)法政大学図書館作成(学生向け配布資料)
- Web『日本語学習支援サイト』より
「Online Writing Lab　第5章 引用・参考文献」
URL：http://ksky.fc2web.com/owl5/htm
- Web東京海洋大学・附属図書館HP
『図書館利用ガイダンス』「表現法フォローページ」より
URL：http://lib.s.kaiyodai.ac.jp/library/guidance/text/follow2010.html

●著者

石井 一成（いしい　かずなり）

上智大学卒業後、Monash大学（豪州）にて応用言語学修士号取得。立教大学非常勤講師。大学生・社会人を対象に、論文や小論文作成のコーチングや研修を展開中。
Web「レポート・論文コーチングLabo」(http://www.kazunari3.jp/)主宰。

■イラスト　　　　　　　種田瑞子
■本文デザイン／DTP　佐藤琴美（エルグ）
■編集協力　　　　　　（株）文研ユニオン
■編集担当　　　　　　齋藤友里（ナツメ出版企画）

ナツメ社Webサイト
http://www.natsume.co.jp
書籍の最新情報（正誤情報を含む）は
ナツメ社Webサイトをご覧ください。

ゼロからわかる　大学生（だいがくせい）のためのレポート・論文（ろんぶん）の書（か）き方（かた）

2011年 5 月 2 日　初版発行
2016年 4 月20日　第19刷発行

著　者　石井一成（いしい かずなり）　　　　　　　　　© Ishii Kazunari, 2011
発行者　田村正隆

発行所　**株式会社ナツメ社**
　　　　東京都千代田区神田神保町1-52　ナツメ社ビル1F（〒101-0051）
　　　　電話　03（3291）1257（代表）　FAX　03（3291）5761
　　　　振替　00130-1-58661

制　作　**ナツメ出版企画株式会社**
　　　　東京都千代田区神田神保町1-52　ナツメ社ビル3F（〒101-0051）
　　　　電話　03（3295）3921（代表）

印刷所　**株式会社技秀堂**

ISBN978-4-8163-5057-3　　　　　　　　　　　　　　　　Printed in Japan

〈定価はカバーに表示してあります〉
〈落丁・乱丁本はお取り替えいたします〉

本書の一部分または全部を著作権法で定められている範囲を超え、ナツメ出版企画株式会社に無断で複写、複製、転載、データファイル化することを禁じます。